이야기와
게임으로 배우는
스크래치

이야기와 게임으로 배우는 스크래치

지은이 구덕회, 박정호, 이영호, 홍지연

펴낸이 박찬규 엮은이 이대엽 디자인 북누리 표지디자인 아로와 & 아로와나

펴낸곳 위키북스 전화 031-955-3658, 3659 팩스 031-955-3660
주소 경기도 파주시 문발로 115 세종출판벤처타운 311호

가격 16,000 페이지 216 책규격 210 x 260mm

초판 발행 2015년 04월 10일
ISBN 978-89-98139-92-5 (13000)

등록번호 제406-2006-000036호 등록일자 2006년 05월 19일
홈페이지 wikibook.co.kr 전자우편 wikibook@wikibook.co.kr

이 도서의 국립중앙도서관 출판시도서목록 CIP는
서지정보유통지원시스템 홈페이지(http://seoji.nl.go.kr)와
국가자료공동목록시스템(http://www.nl.go.kr/kolisnet)에서 이용하실 수 있습니다.
CIP제어번호 2015009650

이야기와
게임으로 배우는
스크래치

이코
프로그래밍
놀이터

구덕회, 박정호, 이영호, 홍지연 지음

위키북스

빌 게이츠, 스티브 잡스, 마크 주커버그

이분들의 공통점은 무엇일까요?

　유명한 사람?

　회사의 CEO?

　세계의 부자들?

맞아요. 여러분이 생각한 것도 맞지만 이분들의 가장 큰 공통점은 바로 프로그래밍을 통해 세상을 바꾼 혁신적인 프로그램들을 만든 사람들입니다.

그럼 혹시 '프로그래밍'에 대해 들어본 적이 있나요? 사실 우리는 프로그래밍의 세계에 살고 있습니다. 주변에서 흔히 볼 수 있는 네이버, 다음, 페이스북 등의 웹 사이트를 비롯해 스마트폰과 태블릿PC의 각종 앱은 모두 프로그래밍을 통해 만들어졌습니다. 그리고 가정에서 사용하는 전기밥솥, 에어컨, 전자레인지, 로봇청소기, 시계 등의 각종 가전기기도 프로그래밍을 통해 예전보다 훨씬 똑똑하게 동작하고 있답니다. 만약 프로그래밍을 할 수만 있다면 여러분이 지닌 상상력을 창의적으로 표현해볼 수 있을 것입니다.

그런데 프로그래밍이라는 말을 들으면 먼저 아휴~어려워, 음... 내가 할 수 있을까? 라는 생각이 먼저 들 겁니다. 프로그래밍이라고 하면 복잡하고 어려운 프로그래밍 언어 때문에 이런 생각이 드는 것은 어쩌면 당연한 일일지도 모릅니다.

그럼 혹시 스크래치를 알고 있나요? 스크래치는 미국의 MIT대학에서 우리 친구들의 프로그래밍 공부를 위해 만든 프로그래밍 학습 도구입니다. 스크래치를 이용하면 스케치북에 캐릭터를 그리고 블록 놀이를 하듯이 명령어 블록을 쌓아가면서 프로그래밍을 완성하기 때문에 누구나 쉽게 할 수 있습니다.

이코 스크래치에서는 바로 이 스크래치를 이용해 프로그래밍을 공부해볼 것입니다. 이코와 함께하는 스크래치는 모두 5개의 장으로 구성돼 있습니다.

1장에서는 이야기를 통해 프로그래딩의 중요 개념을 배웁니다. 이러한 개념에는 순서, 반복, 조건, 변수, 이벤트 등이 있습니다. 이것들은 프로그래밍을 할 때 꼭 알아야 할 알고리즘의 기초이며, 컴퓨터적 사고를 하기 위한 방법이기도 합니다. 이 책에서는 이솝우화 속 이야기의 한 장면을 스크래치로 표현하면서 중요 개념을 배워 나가기에 처음 스크래치를 접하는 친구들도 쉽고 재미있게 배울 수 있습니다.

2장에서는 스크래치로 일상생활에서 일어나는 모습들을 직접 만들어 볼 것입니다. 그 예로 로봇청소기, 자동문, 신호등 등과 같은 모습을 스크래치 프로그래밍을 통해 직접 만들어보면서 그 속에 녹아 있는 원리를 알아볼 것입니다. 이 과정에서 일상생활의 다양한 상황을 새로운 시각으로 볼 수 있을 것입니다.

3장에서는 스크래치로 재미있는 게임을 만들고 직접 즐겨볼 것입니다. 재밌는 게임을 직접 스크래치로 만들어보고, 친구들과 함께 즐겨볼 것입니다. 이코 스크래치와 함께 미로게임, 두더지게임, 자동차 경주게임 등 다양한 장르의 게임을 만들어보며 실력을 기르고, 여러분만의 게임을 직접 만들어 보는 것은 어떨까요?

4장에서는 스크래치로 디지털 아트를 표현해 볼 것입니다. 컴퓨터라는 도구를 이용해 다양한 형태의 미술 작품을 만들어 볼 수 있습니다. 우리가 실제로 만들거나 그리지 못했던 방식으로 말이죠. 여러분의 상상력과 창의력을 뽐낼 수 있는 무대가 바로 이 디지털 아트 활동을 통해 열릴 것입니다.

마지막 5장에서는 전자보드, 로봇과 같은 구체적 조작도구를 연결해 다양한 창작 활동을 해 볼 것입니다. 과일을 연결해 드럼을 연주해보거나, 실제로 해가 뜨면 프로그램에서도 해가 뜨는 장치를 만들어보고, 또한 로봇 팔, 로봇 자동차 등과 같은 다양한 창작 작품을 만들 수 있습니다.

이코와 함께하는 스크래치! 생각만 해도 기대되죠? 이코와 함께 차근차근 만들다보면 어느새 스크래치 마스터가 돼 있을 것입니다. 자! 그럼 지금부터 이코와 함께 스크래치 세계로 떠나볼까요?

ezncode는 소프트웨어 교육 내용과 방법을 소개하는 소프트웨어 교육 나눔 단체입니다. 우리말로는 '이젠코드'라고 읽으면 되고요.
ezncode(ezncode.com)의 이코스쿨에서 본 교재의 강의 동영상과 실습 파일을 볼 수 있습니다.

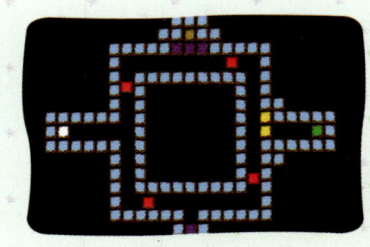

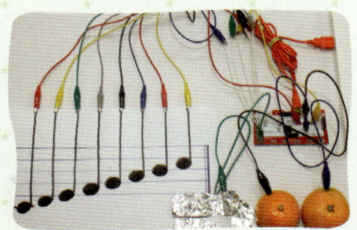

용어 설명

스크래치로 만든 프로그램은 스프라이트의 움직임으로 실행됩니다.

스프라이트(sprite)

스프라이트는 이야기 속에 등장하는 인물로 생각하면 됩니다. 그리고 등장인물이 고유의 모습, 움직임, 소리를 갖고 있는 것처럼 스프라이트도 모양(costumes), 스크립트(scripts), 소리(sounds)의 세 요소를 통해 표현할 수 있습니다.

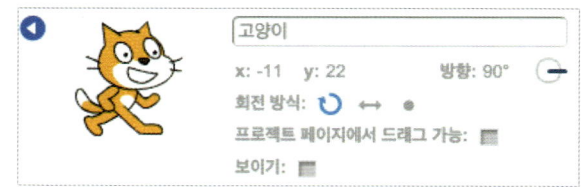

블록(block)

일반 프로그래밍 언어의 명령어 또는 변수 등을 나타낸 조각을 말합니다.

스크립트(script)

스프라이트의 다양한 행동을 지정하기 위해 프로그래밍 명령어 블록이 차례대로 쌓여 있는 것을 말합니다. 스크립트의 실행 결과는 블록을 더블클릭해서 확인할 수 있습니다.

오프라인 에디터

스크래치 2.0은 기존의 스크래치 1.4와 달리 웹에서 프로그래밍하는 것이 가능해졌습니다. 그런데 만약 스크래치 웹 서버가 점검 중이거나 인터넷이 되지 않는 환경이라면 어떻게 해야 할까요? 이런 경우에 대비해 컴퓨터에 설치해서 사용할 수 있는 데스크톱용 프로그램이 있습니다. 이 프로그램을 오프라인 에디터 (offline editor)라고 합니다.

프로젝트

하나의 프로그램을 완성하기 위한 스크래치 작업 파일을 말합니다. 여기서 프로그램은 특정한 목적이나 용도를 갖고 있으며, 프로젝트는 프로그램을 만들기 위해 필요한 노력을 의미하기도 합니다. 또한 프로젝트는 개인이 할 수도 있고, 짝이나 여러명이 같이 할 수도 있습니다.

리믹스(remix)

리믹스는 업로드된 다른 사람의 프로젝트를 수정하고 공유하는 활동을 말합니다. 리믹스를 이용하면 다른 사람의 프로젝트에 접근할 수 있어서 코드를 배우고, 실험하고, 발전시킬 수 있는 기회를 제공합니다.

스테이지(stage)

스프라이트를 배치하고 작업하는 공간을 의미하며, 스크래치가 실행되는 장면을 볼 수 있는 무대입니다.

지금부터 이코와 함께 재미있는 이야기의 세계를 비롯해 일상생활을 표현하는 세계, 게임의 세

계, 디지털 아트의 세계, 재미있는 도구의 세계로 떠나볼 거에요.

본격적으로 떠나기에 앞서 여러분이 미리 알고 있어야 하는 것들이 몇 가지 있습니다. 바로 이

코와 친구가 되는 방법입니다.

이번 장에서는 이코가 살고 있는 [스크래치]에 대해 알아보고, 이코와 친구가 되는 방법을 살펴

보겠습니다. 이 부분은 여러분들이 앞으로 이코와 함께 스크래치의 세계로 가기 위해 꼭 필요

한 단계입니다. 꼭 한번씩 해보도록 해요.

자! 지금부터 이코와 함께 스크래치의 세계로 떠나봅시다.

스크래치 홈페이지 살펴보기

스크래치 홈페이지(http://scratch.mit.edu/)는 이렇게 생겼어요.

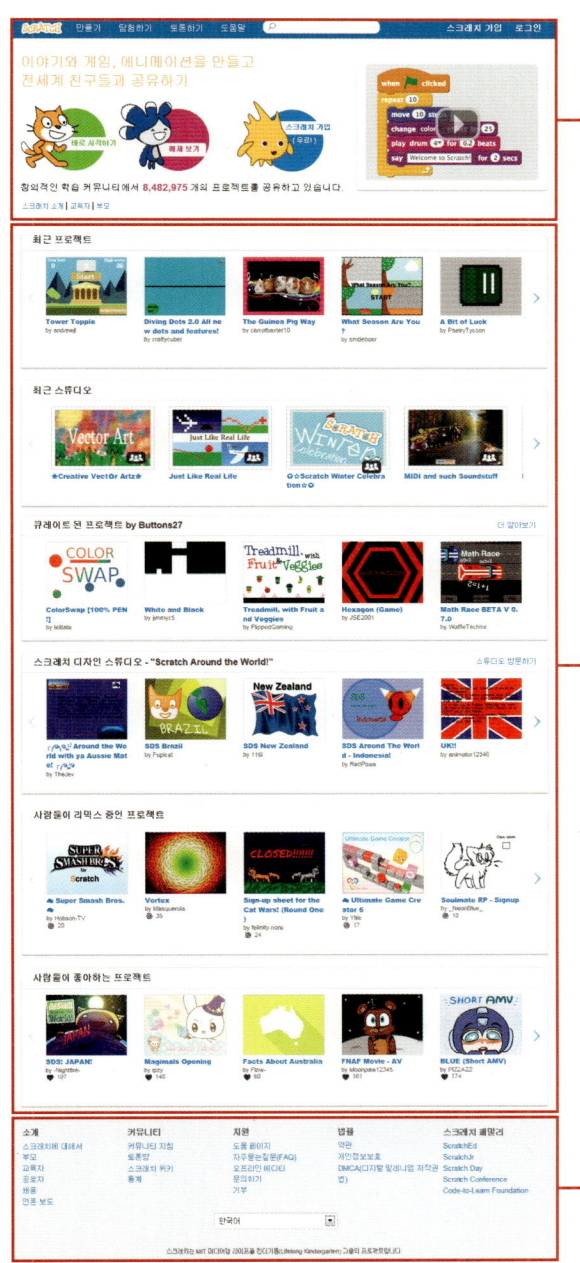

홈페이지에 가입해서 다양한 예제를 살펴보거나 직접 프로젝트를 만들 수 있어요.

홈페이지의 각 캐릭터 및 영상을 클릭해 봅시다.

유명한 스튜디오를 방문해 수준 높은 프로젝트를 감상하고 세계의 다양한 지역 친구들이 어떤 작품을 만들고 있는지, 친구들이 가장 좋아하고, 또 인기 있는 프로젝트는 무엇인지 볼 수 있어요

그리고 친구들을 팔로우해서 작품들의 소식을 얻을 수 있어요.

=다양한 프로젝트 및 스튜디오를 감상해 볼까요?

홈페이지의 언어를 바꿀 수 있고 스크래치와 관련된 =다양한 자료를 볼 수 있습니다.

스크래치 회원 되기

1단계 _ 스크래치 홈페이지(http://scratch.mit.edu/)의 '스크래치 가입' 버튼을 클릭합니다.

2단계 _ 가입은 3단계에 걸쳐 이뤄집니다.

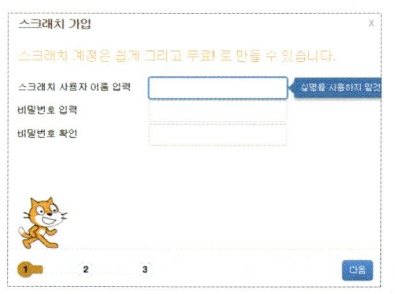

사용자 이름(ID)과
비밀번호(PASSWORD)를 입력합니다.

여러분의 생년월일과 성별, 국가,
이메일 주소를 입력합니다.

가입이 완료됐습니다!
이제 여러분의 공간으로 이동해 볼까요?

3단계 _ 가입이 완료되면 홈페이지 위쪽에서 다음과 같은 화면을 볼 수 있습니다.

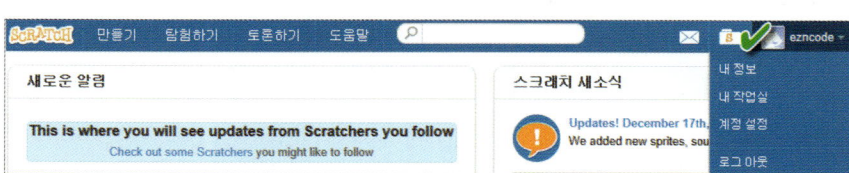

ezncode 스튜디오 살펴보기

여러분은 ezncode가 만든 프로젝트를 살펴보고, ezncode의 미완성된 프로젝트를 완성해 보면서 코드를 자연스럽게 학습할 수 있습니다. 그러자면 먼저 ezncode와 친구가 돼야 합니다.

1단계 _ 브라우저의 주소창에서 http://scratch.mit.edu/users/ezncode/를 입력합니다. 또는 메인 화면 상단의 검색창에 [ezncode]를 입력한 후 검색을 합니다.

2단계 _ ezncode를 팔로우합니다.

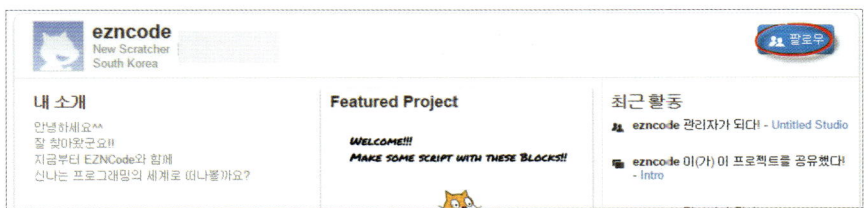

3단계 _ ezncode 스튜디오도 모두 팔로우합니다.

프로젝트 실행하기

eznCode와 eznCode의 6개 스튜디오를 팔로우하면 스크래치 홈페이지의 첫 화면에서 eznCode의 프로젝트와 스튜디오를 손쉽게 볼 수 있습니다. 이제 eznCode의 완성 프로젝트를 실행해 봅시다.

1단계 _ [3장. 게임으로 배우는 스크래치] 스튜디오의 'Gobo를 잡아라(mouse) (완성)' 프로젝트를 클릭합니다.

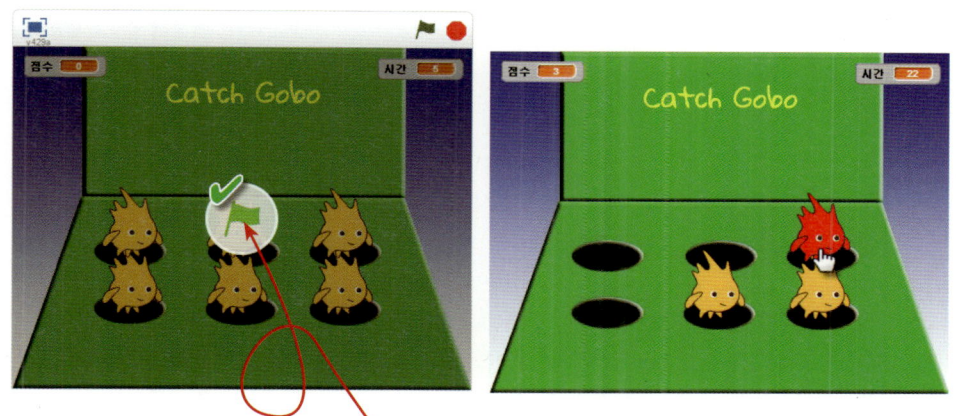

자, 이제 깃발을 클릭한 후 Gobo를 잡아볼까요?

2단계 _ 이 프로젝트를 실행한 후 드는 생각을 댓글로 남겨보세요. 여러분이 남긴 댓글은 누구나 볼 수 있으니 네티켓을 지키며 작성해야겠죠?

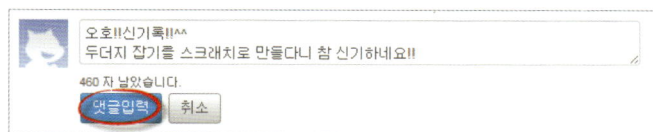

리믹싱하기

리믹싱하기를 이용하면 다른 사람이 만든 프로젝트를 수정해 내 프로젝트로 만들 수 있습니다.

1단계 _ ezncode의 '0. Intro' 스튜디오를 클릭합니다.

2단계 _ '프로젝트 내부 보기'를 클릭합니다.

3단계 _ 그러면 다음과 같은 화면이 나옵니다.

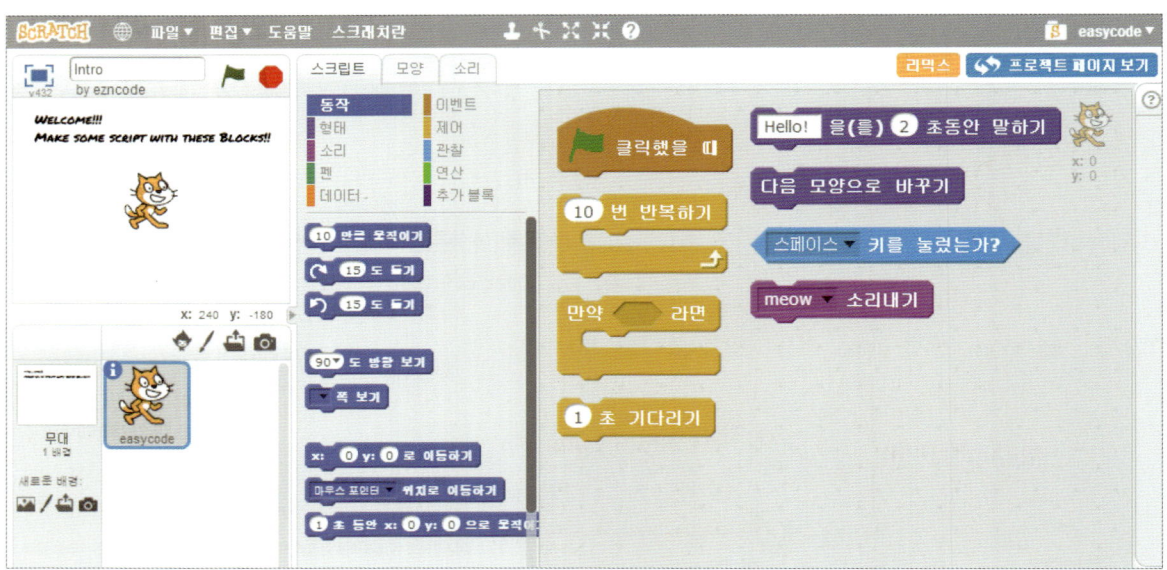

4단계 _ 블록을 쌓는 순서는 정해져 있지 않습니다. 여러분이 원하는 대로 블록을 쌓을 수 있어요. 하지만 모자 블록을 가장 먼저 쌓아야 하고 그다음에 쌓기 블록을 합쳐야 합니다.

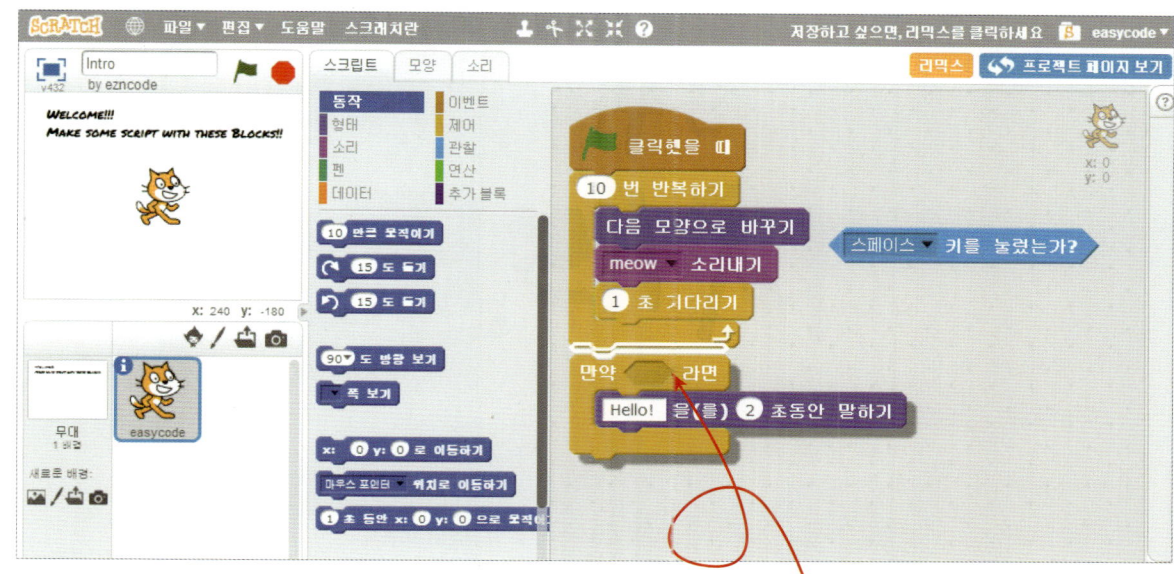

이동하려는 블록에 마우스 커서를 올리고 마우스 왼쪽 버튼을 누른 상태에서 이동해보세요. 블록을 쌓을 수 있는 곳이라면 블록과 블록 사이에 흰색 선이 생깁니다.

5단계 _ 넣기 블록은 쌓기 블록 안에 넣을 수 있어요. 다음은 모자 블록과 쌓기 블록을 합친 모습입니다. 다음은 쌓기 블록에 넣기 블록을 합치는 모습입니다.

6단계 _ 프로그램이 실행되는지 확인해 볼까요? 화면의 왼쪽 위 깃발을 클릭해 봅시다.

여기서 잠깐! 스크래치에서 사용하는 블록을 살펴봅시다.

쌓기 블록

- 쌓기 블록은 아래쪽이 볼록하게 튀어나오고 위쪽이 오목하게 파인 블록을 말합니다. 여러분이 집에서 맞추는 그림 퍼즐을 생각하면 됩니다.

- 쌓기 블록 중에는 블록 안에 입력 상자가 포함된 것도 있습니다. 이러한 입력 상자에서는 사용자가 특정 값을 임의로 지정하거나 풀다운 메뉴를 통해 항목을 선택할 수 있습니다.

- 또한 다른 쌓기 블록을 포함할 수 있는 블록도 있습니다.

모자 블록

- 모자 블록은 위쪽이 둥근 모양으로 돼 있는 블록으로, 보통 블록의 맨 위에 위치합니다. 아래쪽에는 다른 쌓기 블록을 끼울 수 있게 볼록 튀어나온 부분이 있습니다.

- 쌓기 블록과 마찬가지로 항목을 선택할 수 있는 풀다운 메뉴가 포함된 모자 블록도 있습니다.

넣기 블록

- 넣기 블록은 다른 블록의 입력 상자에 삽입할 수 있게 만들어진 블록입니다.

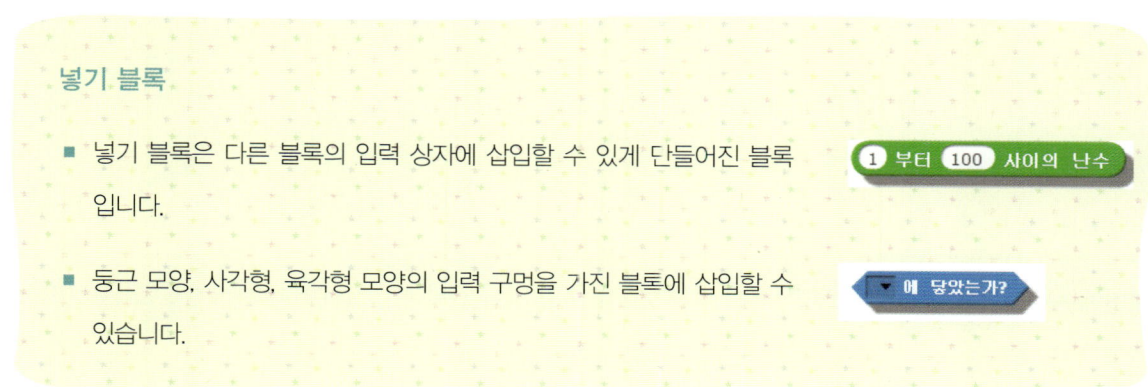

- 둥근 모양, 사각형, 육각형 모양의 입력 구멍을 가진 블록에 삽입할 수 있습니다.

7단계 _ 이제 작성한 프로젝트를 저장해 보겠습니다. 지금은 ezncode의 프로젝트를 재사용했기 때문에 '**리믹스**'를 클릭해야 합니다. 프로젝트를 생성한 후 '**리믹스**' 버튼을 누릅니다.

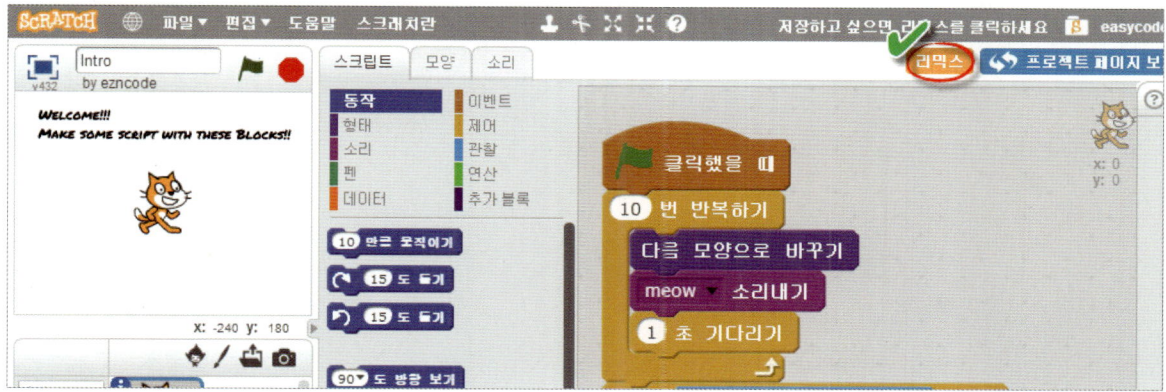

8단계 _ 그러고 나면 '**내 작업실**'에 저장된 것을 확인할 수 있습니다.

내 작업실 살펴보기

새 프로젝트 만들기

이번에는 스크래치 홈페이지에 접속해 프로젝트를 만들어보겠습니다. 홈페이지에서 프로젝트를 만들면 언제 어디서든 내 프로젝트를 보고, 수정할 수 있습니다.

1단계 _ '**만들기**' 버튼을 클릭합니다.

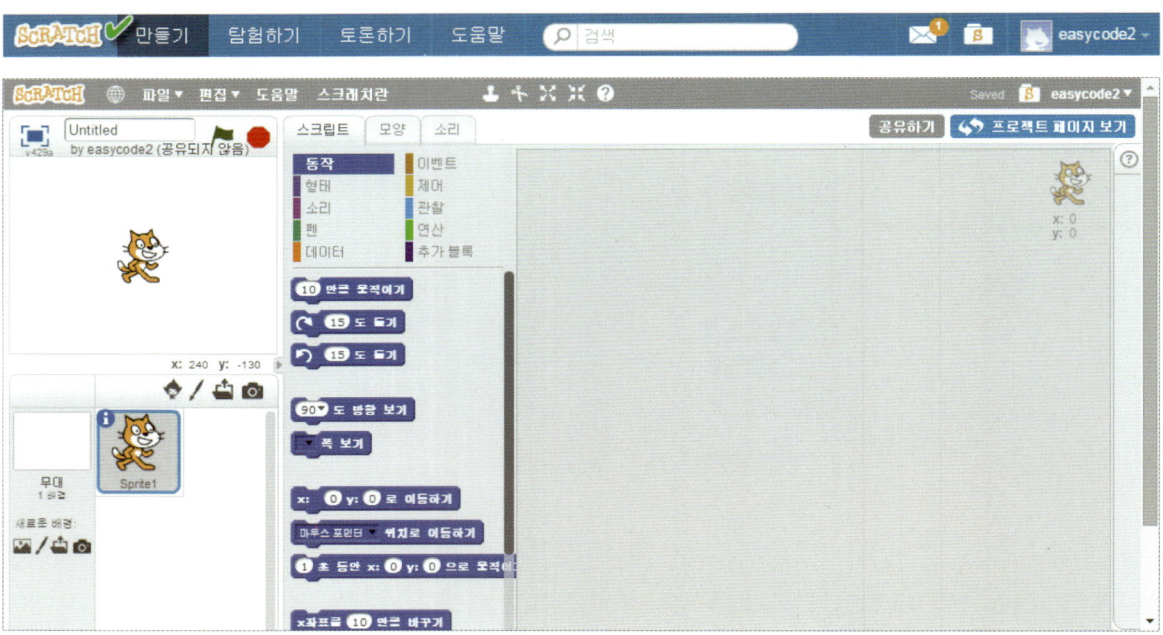

2단계 _ 스크래치 홈페이지에서 만든 프로젝트는 수시로 저장되기 때문에 따로 저장 버튼을 누르지 않아
도 됩니다. 하지만 혹시 모르니 프로젝트를 종료하기 전에 오른쪽 위의 '**저장하기**' 버튼을 누르
는 것을 잊지 마세요.

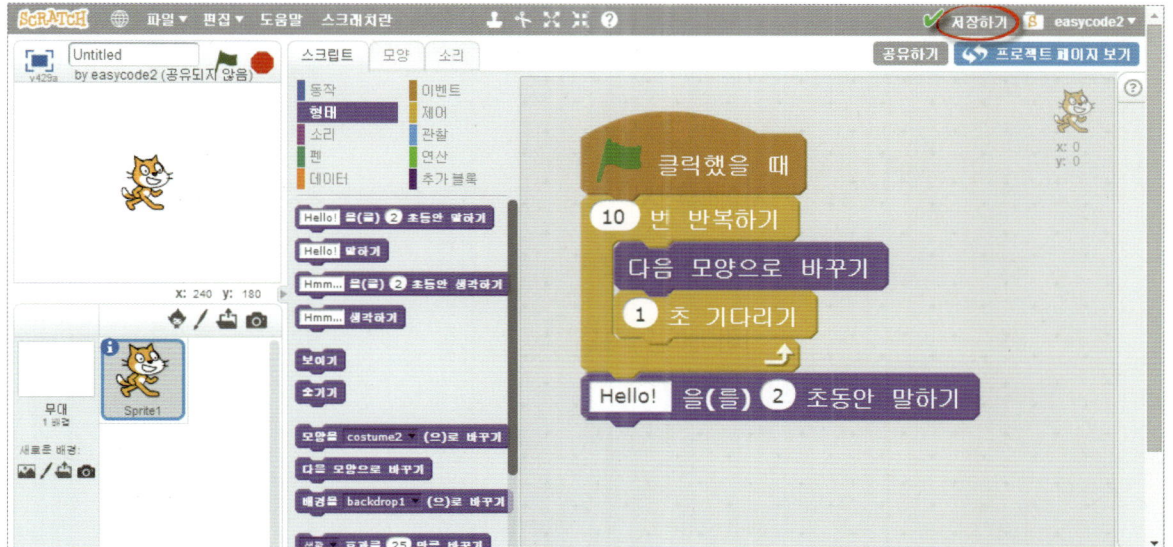

스크래치 2.0 웹 화면 살펴보기

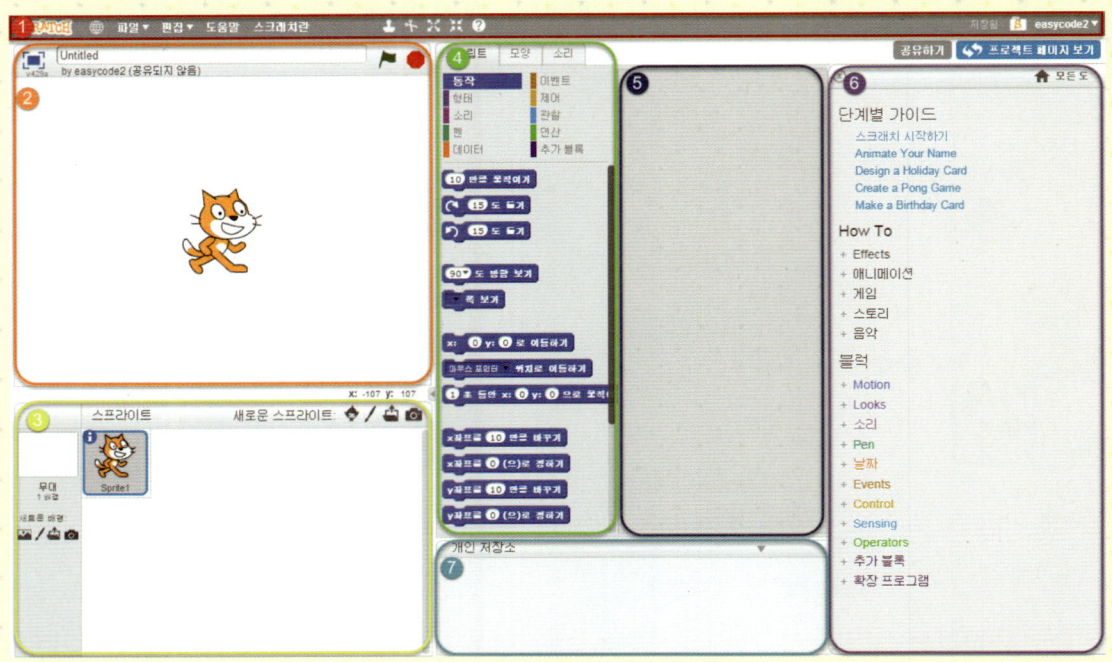

1️⃣ **메뉴 바**: 스크래치의 언어 변경, 불러오기, 저장 등의 메뉴가 있습니다.

2️⃣ **무대**: 무대는 스프라이트가 움직이는 공간으로, 프로젝트의 실행 결과를 확인할 수 있습니다.

3️⃣ **스프라이트 목록**: 스크래치 프로젝트에 등장하는 스프라이트들이 표시되는 공간입니다.

4️⃣ **블록 팔레트**: 블록 팔레트는 8개의 색으로 구분된 코드 모음으로 구성돼 있습니다. 각 코드 모음을 클릭하면 해당 모음의 블록 목록이 아래에 제시됩니다.

5️⃣ **스크립트 영역**: 블록 팔레트에 있는 다양한 블록을 가져와 블록을 조합하는 공간입니다.

6️⃣ **도움말**: 스크래치의 실행 방법 및 각 블록 사용법 등을 볼 수 있습니다.

7️⃣ **개인 저장소**: 나만의 블록을 저장할 수 있는 공간입니다.

공유하기

앞에서 리믹싱하기를 이용해 다른 사람이 만든 프로젝트를 수정해 내 프로젝트로 만들어 봤습니다. 마찬가지로 내 프로젝트를 공유하면 다른 사람들이 내 프로젝트를 이용해 프로젝트를 만들 수 있습니다.

1단계 _ 화면의 왼쪽 윗부분에 '**공유되지 않음**'으로 나와 있습니다. 프로젝트를 만든 후 화면 오른쪽 위의 '**공유하기**' 버튼을 누릅니다.

2단계 _ 자! 다음과 같은 화면이 나오나요? 이제 스크래치를 이용하는 다른 사람들이 여러분이 만든 프로젝트를 이용해 다양한 프로젝트를 만들 수 있습니다.

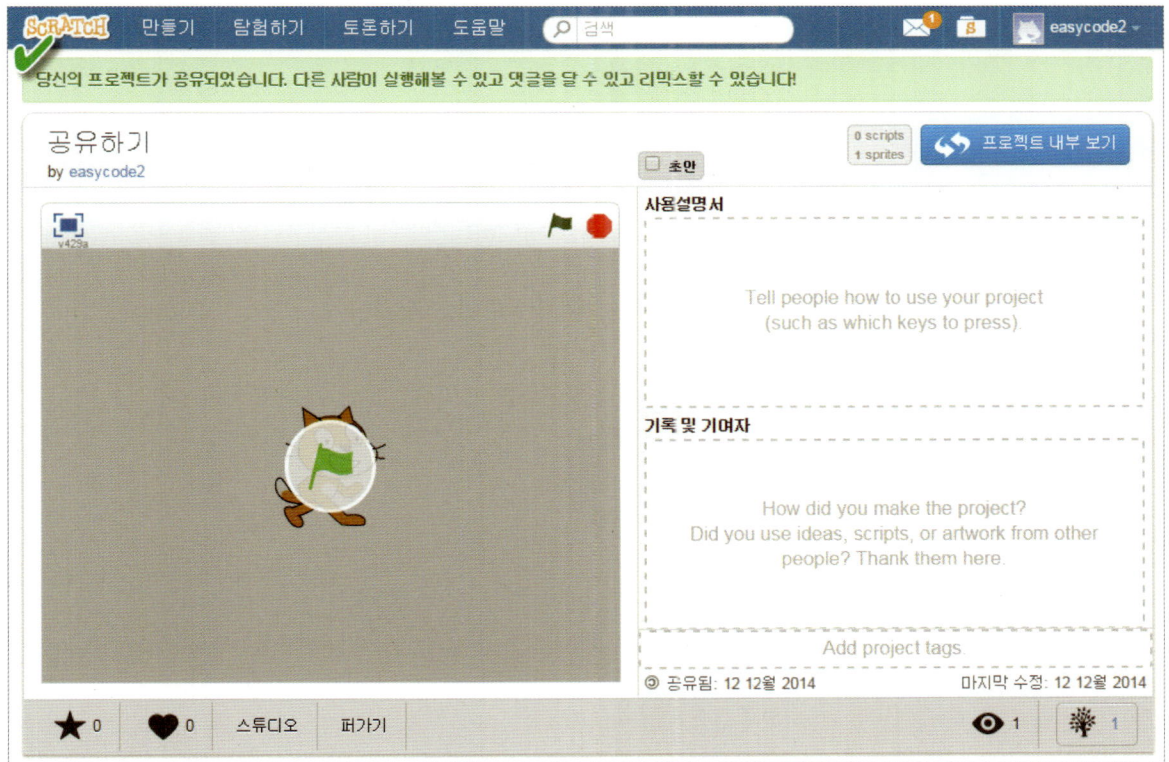

오프라인 에디터

스크래치를 하고 싶은데 인터넷에 접속할 수 없으면 어떻게 하죠? 걱정마세요! 지금부터 스크래치 오프라인 에디터를 설치하는 방법을 알려드리겠습니다. 스크래치 오프라인 에디터를 이용하면 인터넷에 연결돼 있지 않더라도 마음껏 스크래치를 사용할 수 있습니다.

1단계 _ 도움말 – 유용한 자료들의 '**스크래치 2 오프라인 에디터**'를 클릭합니다.

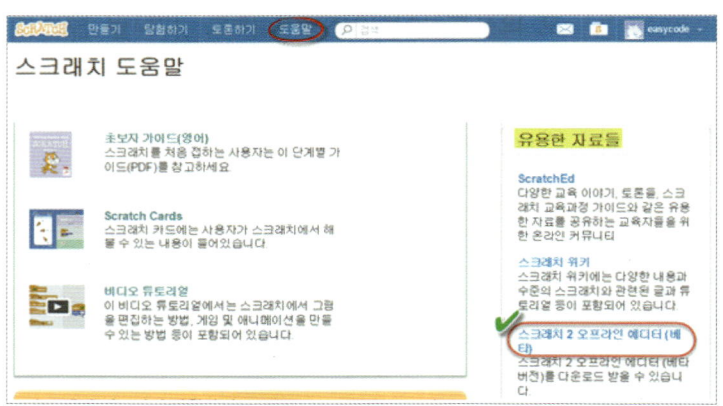

2단계 _ 스크래치 오프라인 에디터를 설치하려면 'Adobe AIR' 프로그램이 설치돼 있어야 합니다. 현재 사용 중인 운영체제에 맞는 프로그램을 선택해 설치합니다.

3단계 _ 다음으로 2번의 '**스크래치 오프라인 에디터**'를 내려받아 설치합니다.

4단계 _ 오프라인 에디터를 실행한 화면입니다. 보다시피 오프라인 에디터와 온라인 에디터의 모습은 거
의 비슷합니다.

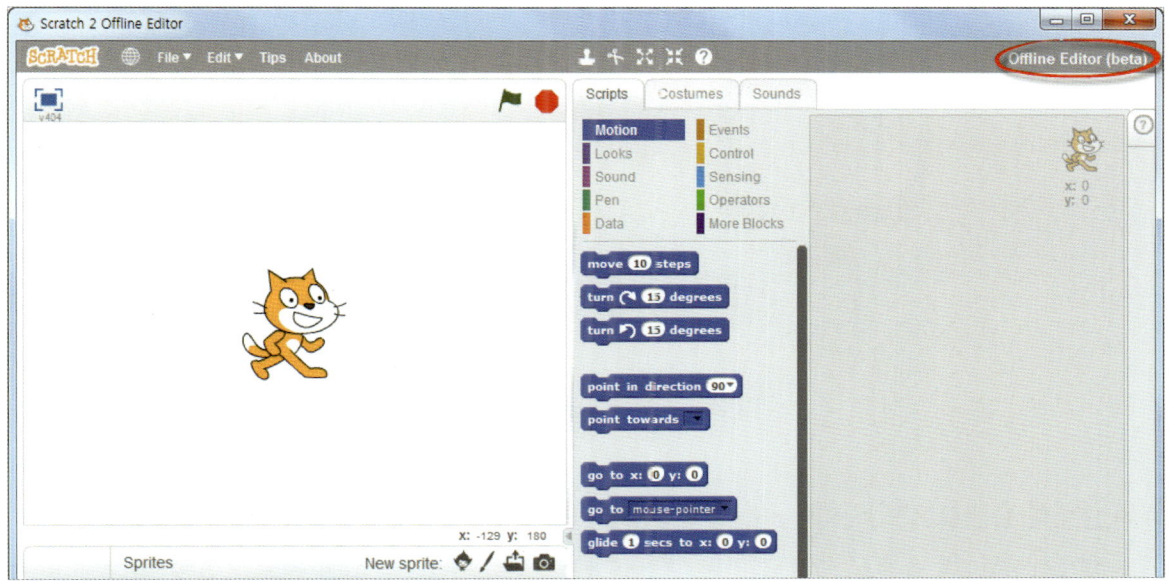

5단계 _ 오프라인 에디터를 통해 스크래치 홈페이지에 여러분의 프로젝트를 업로드할 수 있습니다. 파일
메뉴의 'Share to website'를 클릭합니다. 그런 다음 프로젝트의 이름과 여러분의 아이디, 비밀
번호를 입력한 후 '확인' 버튼을 클릭합니다.

이번에는 프로그래밍의 중요 개념을 이야기로 배워보겠습니다. 여기서 다루는 개념은 프로그래

밍을 익히기 위해 꼭 알아야 할 알고리즘이기도 하고, 컴퓨터적 사고를 하기 위한 방법이기도

합니다. 어려울 것 같다고요? 걱정하지 마세요. 여러분이 잘 알고 있는 이솝우화 속 한 장면을

스크래치로 만들어 보면서 익혀 나갈 예정이기 때문에 처음 스크래치를 접하는 친구들도 쉽고

재미있게 배울 수 있습니다. 그럼 지금부터 순차, 반복, 조건, 변수, 병렬화 등의 중요 개념을 고

양이 목에 방울 달기, 두루미와 여우, 욕심 많은 개 등의 이야기를 통해 배워봅시다.

01 고양이 목에 방울 달기

온 마을의 쥐들이 옹기종기 모여서 수군거리고 있었습니다. 며칠째 계속 쥐들이 고양이에게

잡아먹혔기 때문입니다.

"뭐라고? 또 잡혀갔다고?"

"그렇다니까요. 불안해서 견딜 수가 없어요."

이 마을에 고양이가 나타난 이후로 쥐들은 하루도 편할 날이 없었습니다.

"대책을 세워야 합니다. 이렇게 가만히 있다가는 모두 고양이 밥이 돼 버리고 말 겁니다."

"맞습니다! 우리가 고양이한테 당하지 않을 방법을 각자 말해 봅시다."

쥐들은 곧 나이가 가장 많은 쥐를 회장으로 뽑아 회의를 열었습니다.

"고양이가 잠자는 시간에 먹이를 구하러 돌아다니면 될 것 같습니다. 그럼 안전하잖아요."

"그것도 안전하지 못해요. 고양이는 밤에 돌아다니고 낮에 잠을 자니까요. 낮에 돌아다니면

고양이보다 더 무서운 사람들한테 들키고 말 거예요."

"그럼 어떡하죠?"

다들 좋은 방법이 없는지 고개만 갸웃거렸습니다. 그때 제일 꾀 많은 쥐가 나섰습니다.

"이건 어때요? 고양이 목에 방울을 다는 거예요. 그러면 고양이가 가까이 올 때마다

방울 소리가 날 거 아녜요? 방울 소리가 나면 우리는 얼른 안전한 곳으로 도망치면 되니까 더

이상 잡혀가는 쥐가 없을 겁니다."

바로
이 장면!

고양이로부터 안전한 생활을 위해 쥐는 고양이 목에 방울을 달아야 합니다. 그러자면 먼저 고양이에게 접근해야 할 것입니다. 이 장면을 스크래치로 표현해보겠습니다.

완성 프로젝트 살펴보기

eznrcode의 [1장. 이야기로 배우는 스크래치] 스튜디오의 '1. 고양이 목에 방울 달기(완성)' 프로젝트를 열어 🚩 버튼을 눌러 보세요.

쥐가 고양이에게 다가가는 것을 확인할 수 있을 것입니다.

책의 15~21쪽에 eznrcode의 스튜디오를 살펴보는 자세한 방법이 나와있습니다.

완성 프로젝트 원리 알기

'순차'란 문제 해결을 위해 차례대로 정해진 동작을 수행하는 것을 의미합니다. 아래를 보면 '100만큼 움직이기' 동작과 '왼쪽으로 90도 돌기'라는 동작이 있지요. 여기서는 동작과 제어에서 제공하는 블록을 이용했습니다.

 깃발을 클릭하면 프로젝트가 시작됩니다.

 오른쪽으로 100픽셀 이동합니다.

 1초를 기다립니다.

 왼쪽으로 90도 회전합니다.

프로젝트 만들기

1단계 _ 스튜디오에서 '고양이 목에 방울 달기(미완성)' 프로젝트를 불러옵니다.

2단계 _ 프로젝트를 실행했을 때 쥐가 바위 밑에 오도록 쥐의 스프라이트에 **이벤트** 의 **클릭했을 때** 와 **동작** 의 **x: -100 y: -135 이동하기** , **90▼ 도 방향 보기** 를 연결합니다.

3단계 _ 쥐가 바위를 피해 고양이에게 다가가기 위해 **동작** 의 **100 만큼 움직이기** 를 2개 삽입합니다.

이때 순차적인 동작을 확인하기 위해 **제어** 의 **1 초 기다리기** 를 삽입합니다.

4단계 _ 쥐 스프라이트가 왼쪽으로 돌기 위해 **동작** 의 **↺ 90 도 돌기** , 위로 이동하기 위해 **100 만큼 움직이기** 를 추가로 연결합니다.

화면 위쪽의 노란색 리믹스 버튼을 눌러 내가 만든 작품을 저장합니다.

도움말

스크래치 블록은 숫자, 문자, 선택 값, 이진 값, 색상 값 등 다양한 종류의 입력 값을 받습니다. 예를 들어 쥐가 얼마만큼 움직이고 얼마만큼 회전할지 나타내는 숫자를 입력받는 블록이 있습니다. 프로그래밍에서는 이러한 입력 값을 인수(argument)라고 합니다.

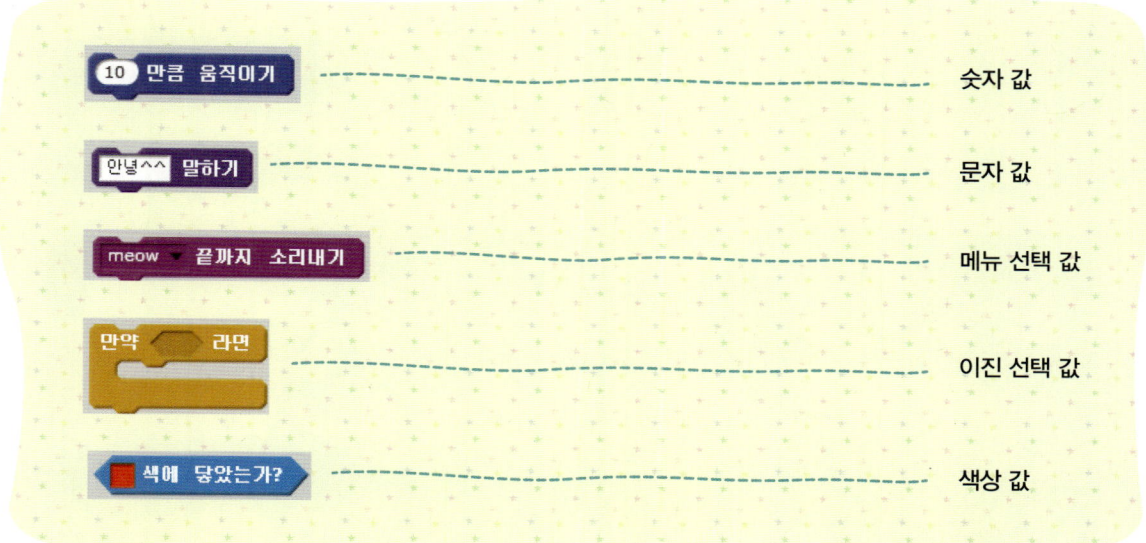

10 만큼 움직이기	숫자 값
안녕^^ 말하기	문자 값
meow ▾ 끝까지 소리내기	메뉴 선택 값
만약 라면	이진 선택 값
색에 닿았는가?	색상 값

더 나아가기

다른 이동 경로로 쥐가 고양이에게 다가가는 프로젝트를 완성해 봅시다.

02 여우와 두루미

한적한 숲 속에 여우와 두루미가 살고 있었어요. 여우가 두루미를 찾아와 자기 집으로 초대

를 했습니다.

"두루미 님, 맛있는 음식을 장만했어요. 오셔서 많이 잡수세요."

두루미는 기쁜 마음에 여우를 따라 갔습니다.

여우는 납작한 접시에 맛있는 국을 담아서 두루미에게 먹으라고 내어 놓

았습니다. 그리고 자기도 접시에 담긴 국을 맛있게 먹었습니다.

그러나 두루미는 부리가 뾰족해서 접시에 담긴 국을 먹을 수 없었어요.

"두루미 님은 국을 싫어하시나 봐요. 저는 참 맛있는데..."

여우가 두루미의 접시에 담긴 국을 모두 가져다 먹으며 말했습니다. 맛있는 음식을 앞에 두고

쫄쫄 굶은 두루미는

"여우 님, 이번에는 제가 초대할게요. 더 맛있는 음식을 준비할게요"

하고 여우에게 말했습니다. 여우는 신이 나서 두루미를 따라갔습니다. 그런데 두루미는 목이

좁고 긴 병에다 맛있는 물고기를 가득히 넣어서 여우에게 주었습니다.

"물고기가 맛있지요?"

두루미는 긴 주둥이를 병 속에 넣고는 맛있게 물고기를 먹었습니다. 하지만 여우는 아무리 애를 써도 병 속의 물고기를 먹을 수 없었어요.

"여우님은 물고기를 싫어하시나 봐요. 제가 먹어도 되죠?"

여우는 맛있게 물고기를 먹는 두루미를 바라볼 수밖에 없었답니다.

바로 이장면!

여우는 접시에 담긴 국은 맛있게 먹을 수 있었지만 병에 담긴 물고기는 먹을 수 없었습니다. 이 장면을 스크래치로 표현해보겠습니다.

완성 프로젝트 살펴보기

ezncode의 [1장. 이야기로 배우는 스크래치] 스튜디오의 '2. 여우와 두루미(완성)' 프로젝트를 열어 ⚑ 버튼을 눌러 보세요.

여우가 평상시에는 '아이! 배고파!'라고 말하지만 물고기에 닿으면 '우와! 맛있겠다!'라고 말합니다.

이번 장에서는 이처럼 특정한 상황(물고기에 닿았을 때)에서만 행동하도록 프로그램을 만들어 보겠습니다.

책의 15~21쪽에 ezncode의 스튜디오를 살펴보는 자세한 방법이 나와있습니다.

완성 프로젝트 원리 알기

'조건'이란 어떤 질문에 대한 답이 참인지 거짓인지에 따라 그 결과가 달라지는 것을 의미합니다. 여우는 음식이 접시에 담긴 경우에만 맛있게 먹을 수 있고 음식이 병에 담긴 경우에는 먹을 수 없습니다. 이처럼 조건(음식이 병에 담겼을 때, 음식이 접시에 담겼을 때)에 따라 결과를 다르게 보여줄 때 조건문을 사용합니다.

병에 닿았다면?

'앗! 이걸 어떻게 먹지'라고 말하기

접시에 닿았다면?

'역시 이 맛이야!!'라고 말하기

프로젝트 만들기

1단계 _ 스튜디오에서 '여우와 두루미(미완성)' 프로젝트를 불러옵니다.

2단계 _ 프로젝트를 실행했을 때 여우가 오른쪽/왼쪽으로 움직일 수 있게 `이벤트` 의 `스페이스 ▼ 키를 눌렀을 때` 와 `동작` 의 `x좌표를 10 만큼 바꾸기` 를 연결합니다.

먼저 오른쪽 화살표를 눌렀을 때 오른쪽으로 움직이도록 연결합니다. 그리고 왼쪽 화살표를 눌렀을 때 왼쪽으로 움직이도록 연결합니다.

3단계 _ 여우가 오른쪽으로 갈 때 오른쪽을 보고, 왼쪽으로 갈 때 왼쪽을 보도록 `동작` 의 `90 ▼ 도 방향 보기` 를 연결합니다.

이때 여우의 회전 방식은 아래와 같이 양쪽 화살표로 합니다.

4단계 _ 접시에 닿았을 때 여우 스프라이트가 '음... 역시 이 맛이야!'라고 말하도록 `제어` 의 `만약 ~ 라면` 에 `관찰` 의 `~ 에 닿았는가?` 와 `형태` 의 `Hello! 말하기` 를 연결합니다. 그리고 이 조건을 계속 실행할 수 있게 `제어` 의 `20 번 반복하기` 를 연결합니다.

4단계 _ 병에 닿았을 때를 나타내는 블록을 왼쪽과 같이 연결 합니다.

화면 위쪽의 노란색 리믹스 버튼을 눌러 내가 만든 작품을 저장합니다.

더 나아가기

왼쪽과 같이 조건문 안에 조건문을 넣을 수 있습니다.

비어있는 공간에 어떤 블록을 넣으면 2개의 조건문을 1개의 조 건문으로 합칠 수 있습니다.

어떤 블록을 넣으면 될까요?

03 여우와 바나나

먼 길을 힘들게 걸어온 여우는 목이 몹시 말랐습니다.

"어디 목을 축일 샘물이 없을까?"

여우는 샘물을 찾아 주위를 살펴봤습니다.

"우와, 달콤한 바나나가 이렇게 많다니!"

마실 것을 찾던 여우는 나무에 탐스럽게 열린 바나나를 발견했습니다.

"와, 바나나가 참 맛있게 생겼는걸!"

바나나가 있는 곳으로 달려간 여우는 탐스럽게 열린 바나나를 보자 입에 군침이 돌아 어쩔 줄 몰랐습니다. 그런데 바나나는 여우가 따먹기에는 너무 높은 곳에 매달려 있었습니다. 이곳저곳을 살피던 여우는 가장 낮은 곳에 달려있는 바나나를 찾아냈습니다.

"옳지, 저거라면 내가 따먹을 수 있겠다."

여우는 바나나를 따먹기 위해 힘껏 뛰어 올랐습니다. 그렇지만 번번이 입에 닿을 듯 말듯 바나나는 떨어지지 않았습니다.

"아니, 이 바나나는 왜 이렇게 높은 데 달려있는 거야?"

여우는 있는 힘을 다해 또 뛰어올랐지만 역시 바나나를 딸 수가 없었습니다. 여우는 바나나를 먹고 싶은 마음에 온종일 나무 아래에서 뛰어오르기를 했습니다.

그렇지만 끝내 바나나를 따먹을 수가 없었습니다. 해질 무렵이 되자 여우는 바나나 먹는 것을 포기했습니다. 그러고는 돌아서서 혼잣말로 중얼거렸습니다.

"흥, 저까짓 덜 익은 바나나를 내가 먹나 봐라."

바로 이장면!

여우는 바나나를 먹고 싶은 마음에 온종일 나무 아래에서 뛰어오르기를 했습니다. 이 장면을 스크래치로 표현해 보겠습니다.

완성 프로젝트 살펴보기

eznccode의 [1장. 이야기로 배우는 스크래치] 스튜디오의 '3. 여우와 바나나(완성)' 프로젝트를 열어 🚩 버튼을 눌러 보세요.

여우는 바나나를 따기 위해 계속해서 점프를 합니다.

같은 동작을 계속해서 반복하는 것이지요.

책의 15~21쪽에 eznccode의 스튜디오를 살펴보는 자세한 방법이 나와있습니다.

완성 프로젝트 원리 알기

'반복'이란 계속해서 되풀이 되는 것을 의미합니다. 아래를 보면 10만큼 움직이고 1초 기다리는 동작을 4번 반복했지요? 제어 에서 제공되는 '~번 반복하기' 블록을 이용하면 이를 간단하게 표현할 수 있습니다.

```
10 만큼 움직이기
1 초 기다리기
10 만큼 움직이기
1 초 기다리기                    4 번 반복하기
10 만큼 움직이기        =           10 만큼 움직이기
1 초 기다리기                       1 초 기다리기
10 만큼 움직이기
1 초 기다리기
```

프로젝트 만들기

1단계 _ 스튜디오에서 '여우와 바나나(미완성)' 프로젝트를 불러옵니다.

2단계 _ 프로젝트를 실행했을 때 여우가 화면의 중앙 아래에 오도록 여우 스프라이트에 `이벤트`의 `클릭했을 때`와 `동작`의 `x: 0 y: -80 이동하기`를 연결합니다.

3단계 _ 여우가 위, 아래로 50번 반복해서 움직이도록 `제어`의 `만약 ~ 라면`을 넣어줍니다.

이때 동작을 50번 반복하도록 숫자 50을 넣습니다.

4단계 _ 여우 스프라이트가 위, 아래로 움직이도록 `만약 ~ 라면`에 `동작`의 `x: 0 y: -80 이동하기`와 `제어`의 `1초 기다리기`를 두 번 연결합니다.

이때 첫 번째 블록의 x에는 0, y에는 80을, 두 번째 블록의 x에는 0, y에는 -80을 입력합니다.

화면 위쪽의 노란색 리믹스 버튼을 눌러 내가 만든 작품을 저장합니다.

도움말

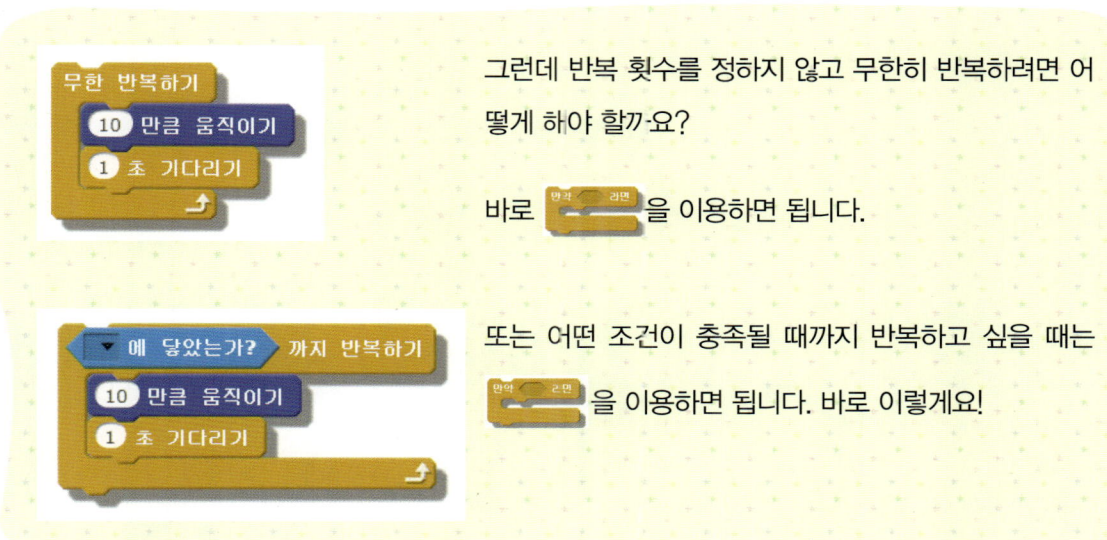

그런데 반복 횟수를 정하지 않고 무한히 반복하려면 어떻게 해야 할까요?

바로 을 이용하면 됩니다.

또는 어떤 조건이 충족될 때까지 반복하고 싶을 때는 을 이용하면 됩니다. 바로 이렇게요!

더 나아가기

여우가 바나나에 닿을 때까지 위로 움직이는 모습을 [도움말]을 참고해 만들어 봅시다.

04 농부와 세 아들

평생 열심히 일해온 농부가 나이가 들어 그만 세상을 떠나게 됐어요. 이 농부에게는 세 아들

이 있었는데, 세 아들이 게으름을 피우고 열심히 일을 하지 않을까봐 걱정이 이만저만이 아

니었답니다. 그러던 어느 날 농부는 세 아들을 불렀어요.

"얘들아, 내가 앞으로 살날이 얼마 남지 않은 것 같구나. 내가 너희들에게 선물을 줄 테니 잘

들어보거라."

농부의 아들들은 아버지가 무슨 말을 하실지 궁금해하며 귀를 귀울여 듣기 시작했습니다.

"내가 너희들에게 줄 선물은 바로 포도밭에 있단다."

이 말을 들은 첫째 아들이 말했습니다. "아버지! 그 선물이 뭐에요?"

둘째 아들도 말했습니다. "아버지! 포도밭이 어디에 있어요? 네?"

아버지는 말했습니다.

"그래... 내가 너희들에게 줄 선물을 포도밭에 묻어 놓았는데... 거기가 어딘지 도무지 기억이 나지 않는구나. 너희들이 그 선물을 꼭 찾길 바란다."

이렇게 말하곤 농부는 세상을 떠났어요. 세 아들은 아버지의 장례식을 치룬 후 아버지께서 남겨주신 선물을 찾기 위해 포도밭에 모였습니다. 포도밭은 너무나 넓어서 아들 세 명이 힘을 모아서 쉬지 않고 매일매일 밭을 일궈야만 했습니다.

하지만 결국 포도밭에서는 아무것도 나오지 않았어요. 다들 거짓말을 한 아버지를 원망하기 시작했습니다. 하지만 여름이 다가오자 포도밭에는 아주 크고 달콤한 포도가 많이 열렸어요. 아들들이 겨울 동안 쉬지 않고 열심히 밭을 일궜기 때문이었습니다.

"아, 아버지께서 주신 선물이 바로 이것이었구나." 세 아들은 아버지의 선물이 열심히 땀을 흘려 얻은 포도였다는 사실을 깨닫고 그 이후로 성실하게 살았답니다.

바로
이장면!

세 아들이 모두 모여 열심히 포도밭을 일구는 장면이 있습니다. 이 장면을 스크래치로 표현해보겠습니다.

완성 프로젝트 살펴보기

eznocode의 [1장. 이야기로 배우는 스크래치] 스튜디오의 '4. 농부와 세 아들(완성)' 프로젝트를 열어 🚩 버튼을 눌러 보세요.

스페이스바를 누르면 세 아들이 동시에 밭을 갈기 시작합니다.

이번 프로젝트에서는 세 아들이 동시에 동작하게 만드는 법을 배우겠습니다.

책의 15~21쪽에 eznocode의 스튜디오를 살펴보는 자세한 방법이 나와있습니다.

완성 프로젝트 원리 알기

'병렬화'란 여러 동작을 동시에 실행하는 것을 의미합니다. 만약 세 아들중 첫째가 밭을 갈고, 그다음 둘째가 밭을 갈고, 마지막으로 셋째가 밭을 간다면 시간이 오래 걸리겠죠? 하지만 동시에 동작을 실행하면 그만큼 빨리 원하는 상태를 얻을 수 있습니다. 이처럼 동시에(세 아들이 동시에 밭을 가는 모습) 동작을 실행하고자 할 때는 병렬화를 이용합니다.

첫째 아들	둘째 아들	셋째 아들

첫째 아들
```
스페이스 ▼ 키를 눌렀을 때
펜 내리기
펜 색깔을 ⬜ (으)로 정하기
펜 굵기를 100 (으)로 정하기
40 번 반복하기
    x좌표를 -10 만큼 바꾸기
    0.1 초 기다리기
```
오른쪽에서 왼쪽으로 밭 갈기

둘째 아들
```
스페이스 ▼ 키를 눌렀을 때
펜 내리기
펜 색깔을 ⬜ (으)로 정하기
펜 굵기를 100 (으)로 정하기
40 번 반복하기
    x좌표를 10 만큼 바꾸기
    0.1 초 기다리기
```
스페이스바를 눌렀을 때
왼쪽에서 오른쪽으로 밭 갈기

셋째 아들
```
스페이스 ▼ 키를 눌렀을 때
펜 내리기
펜 색깔을 ⬜ (으)로 정하기
펜 굵기를 100 (으)로 정하기
40 번 반복하기
    x좌표를 -10 만큼 바꾸기
    0.1 초 기다리기
```
오른쪽에서 왼쪽으로 밭 갈기

프로젝트 만들기

1단계 _ 스튜디오에서 '농부와 세 아들(미완성)' 프로젝트를 둘러옵니다.

```
클릭했을 때
x: 200 y: -110 로 이동하기
```

2단계 _ 첫째 아들의 위치를 왼쪽과 같이 지정합니다.

```
클릭했을 때
x: 200 y: -110 로 이동하기
지우기
자! 지금부터 보물을 찾아보자! 을(를) 2 초동안 말하기
```

다음으로 [펜]의 지우기 와 "자! 지금부터 보물을 찾아보
자!"를 2초 동안 말합니다.

```
스페이스 ▼ 키를 눌렀을 때
펜 내리기
펜 색깔을 □(으)로 정하기
펜 굵기를 100 (으)로 정하기
```

3단계 _ 세 형제가 지나가는 자리를 녹색으로 바꾸기 위해 펜
을 내리고 펜 색깔을 녹색으로, 굵기를 100으로 지정
합니다.

```
40 번 반복하기
  x좌표를 10 만큼 바꾸기
  0.1 초 기다리기
```

첫째 아들이 왼쪽으로 이동하도록 'X좌표 10만큼 바꾸
기' 동작을 40번 동안 반복합니다.

```
스페이스 ▼ 키를 눌렀을 때
펜 내리기
펜 색깔을 □(으)로 정하기
펜 굵기를 100 (으)로 정하기
40 번 반복하기
  x좌표를 -10 만큼 바꾸기
  0.1 초 기다리기
```

4단계 _ 두 동작을 합친 모습입니다.

5단계 _ 둘째 아들도 스페이스바를 눌렀을 때 색칠을 하면서
이동하게 합니다.

첫째 아들의 스크립트에서 마우스 오른쪽 버튼을 눌러 '복사'
를 누릅니다. 복사된 스크립트를 둘째 아들 스프라이트로 가
져갑니다.

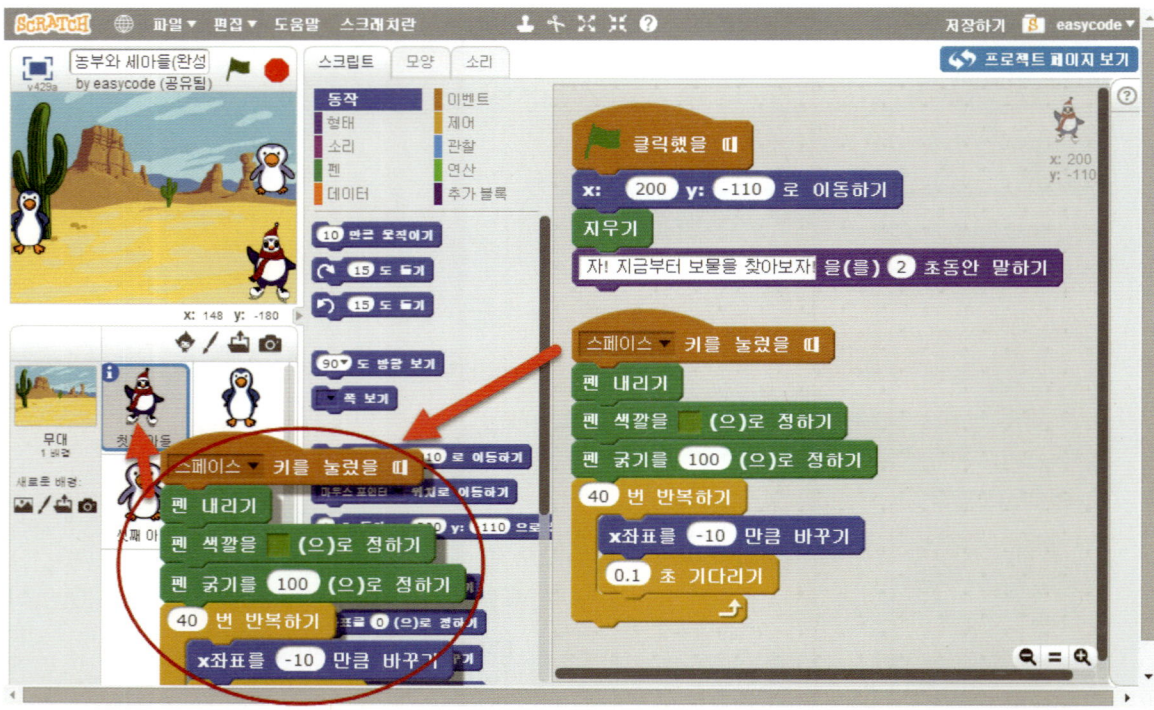

6단계 _ 오른쪽에서 왼쪽으로 이동하도록 x좌표를 10 만큼 바꾸기 를 합
니다.

```
스페이스 ▼ 키를 눌렀을 때
펜 내리기
펜 색깔을 ☐ (으)로 정하기
펜 굵기를 100 (으)로 정하기
40 번 반복하기
    x좌표를 10 만큼 바꾸기
    0.1 초 기다리기
우와! 밭을 다 갈았네^^ 을(를) 2 초동안 말하기
```

이동이 끝난 후 "우와!! 밭을 다 갈았네^^"라고 말해줍니다.

7단계 _ 둘째 아들의 처음 위치를 정해줍니다.

```
클릭했을 때
x: -210 y: -40 로 이동하기
```

8단계 _ 첫째 아들의 스크립트를 복사해 셋째 아들의 스프라이트로 가져갑니다.

```
스페이스 ▼ 키를 눌렀을 때
펜 내리기
펜 색깔을 ☐ (으)로 정하기
펜 굵기를 100 (으)로 정하기
40 번 반복하기
    x좌표를 -10 만큼 바꾸기
    0.1 초 기다리기
```

9단계 _ 셋째 아들의 처음 위치를 정해줍니다.

```
클릭했을 때
x: 200 y: 50 로 이동하기
```

화면 위쪽의 노란색 리믹스 버튼을 눌러 내가 만든 작품을 저장합니다.

더 나아가기

이번 장에서는 병렬화에 대해 배웠습니다. 그럼 이번에는 아래와 같이 세 아들이 일을 하며 서로 이야기를 하는 모습을 만들어 봅시다.

```
스페이스 ▼ 키를 눌렀을 때
펜 내리기
펜 색깔을 [ ] (으)로 정하기
펜 굵기를 100 (으)로 정하기
40 번 반복하기
    x좌표를 -10 만큼 바꾸기
    0.1 초 기다리기
```

```
스페이스 ▼ 키를 눌렀을 때
에휴~~ 언제 이 넓은 밭을 다 파지? 을(를) 2 초동안 말하기
```

05 박쥐의 이중생활

하루는 동물 왕국에서 새들과 네발짐승들 사이에 싸움이 일어났습니다. 양쪽의 군대가 모이고 새들과 네발짐승들의 싸움이 시작되자 박쥐는 어느 편에 설까 망설였습니다.

새들은 박쥐에게 자신들 편을 들라고 부탁했습니다. 박쥐는 '난 네 발을 가진 짐승이야.'라고 말하며 거절했습니다. 이번에는 네발짐승들이 박쥐에게 자신들 편을 들라고 부탁했습니다. 박쥐는 이번에는 '난 날개가 있으니 새야'라고 말하면서 거절했습니다.

얼마 후 이 싸움은 승부가 가려지지 않은 채 끝났고 동물왕국에 평화가 찾아왔습니다. 박쥐도

이 평화를 함께 즐기기 위해 먼저 새들에게 갔습니다. 하지만 새들은 박쥐를 따돌리고 모른

척 했습니다. 그래서 네발짐승들에게 갔지만 마찬가지로 박쥐를 냉대했습니다. 결국 박쥐는

새들과 네발짐승들 중 어느 편과도 어울리지 못하는 비참한 신세가 되고 말았습니다.

바로
이장면!

박쥐는 네발짐승들이 강할 땐 네발짐승들 편을 들고, 새
들의 힘이 강할 땐 새 편이라고 날갯짓을 합니다. 이번에
는 이 장면을 스크래치로 표현해보겠습니다.

완성 프로젝트 살펴보기

ezncode의 [1장. 이야기로 배우는 스크래치] 스튜디오의 '5. 박쥐의 이중생활(완성)' 프로젝트를 열어 🚩 버튼을 눌러 보세요.

박쥐는 새와 원숭이를 번갈아 가며 이동합니다.

새나 원숭이는 박쥐가 가까이 오면 반응을 보입니다.

책의 15~21쪽에 ezncode의 스튜디오를 살펴보는 자세한 방법이 나와있습니다.

완성 프로젝트 원리 알기

'연산'에는 사칙연산(+, −, ×, ÷), 비교연산(<, >, =), 논리연산(○ 그리고 ○, ○ 또는 ○, ○가 아니다)의 세 가지 종류가 있습니다. 사칙연산의 예로 `30 + 20 만큼 움직이기` 는 `50 만큼 움직이기` 와 동일한 명령을 수행합니다. 비교연산과 논리연산은 참(1)과 거짓(0)을 결과값으로 보여줍니다.

`만약 박쥐▼ 까지 거리 < 150 라면`

(참) 박쥐와의 거리가 150보다 작을 때

(거짓) 박쥐와의 거리가 150보다 클 때

1부터 100 사이의 무작위 숫자를 내보냄

어떤 수를 2로 나눈 나머지는
0과 1의 두 가지가 있음.

`1 부터 100 사이의 난수 나누기 2 의 나머지 = 1`

예) 난수가 13일 때 나머지는 1이어서
     비교연산의 결과 값은 (참)을 내보냄

프로젝트 만들기

1단계 _ '박쥐 이야기(미완성)' 프로젝트를 불러옵니다.

2단계 _ 프로젝트를 실행했을 때 아래 그림처럼 `이벤트` 의 `클릭했을 때` 아래에 `무한 반복하기` 과 `만약    라면` 을 연결합니다. `1 부터 100 사이의 난수 나누기 2 의 나머지 = 1` 이 참일 때 `동작` 의 새를 향해 이동한 후 말하게 합니다. 거짓일 경우에는 원숭이를 향해 이동한 후 말하게 합니다. 이때 움직임을 자연스럽게 표현하기 위해 `2 초 동안 x: -182 + 100 y: -81 으로 움직이기` 를 사용합니다.

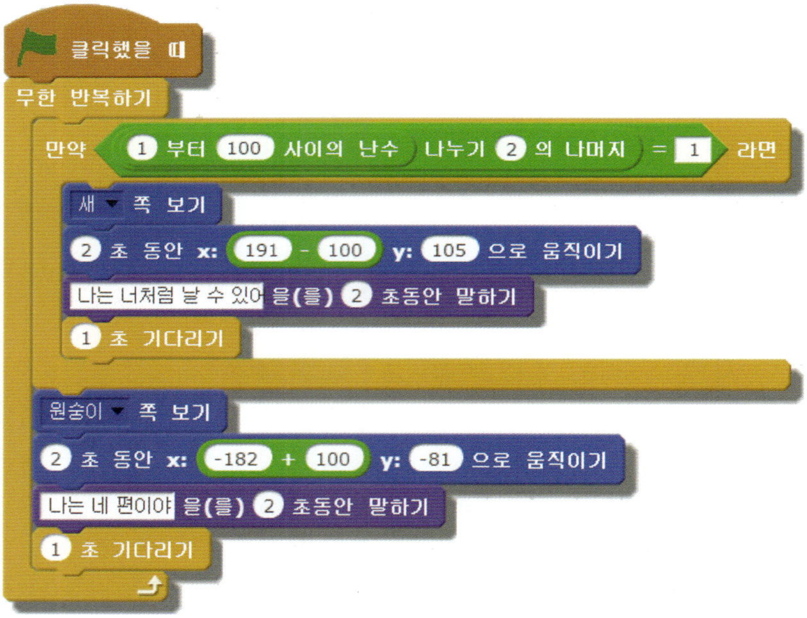

3단계 _ 원숭이와 새 스프라이트는 동일한 스크립트를 입력합니다. 박쥐와 가까워지면 움직이는 동작을 표현하기 위해 `제어` 의 `무한 반복하기` 안에 박쥐와의 거리가 150보다 작을 때 `다음 모양으로 바꾸기` 를 연결합니다.

이때 모양이 바뀌는 속도를 늦추기 위해 `0.7 초 기다리기` 를 연결합니다.

클릭했을 때
무한 반복하기
만약 박쥐 ▼ 까지 거리 < 150 라면
다음 모양으로 바꾸기
0.7 초 기다리기

화면 위쪽의 노란색 리믹스 버튼을 눌러 내가 만든 작품을 저장합니다.

도움말

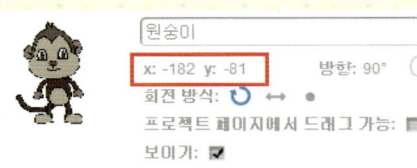

원숭이
x: -182 y: -81   방향: 90°
회전 방식: ↻ ↔ ●
프로젝트 페이지에서 드래그 가능: ▤
보이기: ☑

스프라이트의 i를 클릭하면 스프라이트의 정확한 좌표를 알 수 있습니다.

더 나아가기

박쥐가 원숭이나 새 앞에서 기다리는 시간을 바꿔봅시다.

스크래치 2.0 웹 화면 살펴보기

0.1 부터 2 사이의 난수   0.1에서 2 사이의 값 중 하나를 갖게 됩니다.

3 부터 7 사이의 난수   3, 4, 5, 6, 7 사이의 값 중 하나를 갖게 됩니다.
이처럼 처음 숫자부터 마지막 숫자 사이의 값 하나를 갖게 하는 것이 바로 난수 블록입니다.

0.1 부터 2 사이의 난수 초 기다리기   0.1초에서 2초 사이의 난수 값을 기다리게 됩니다.

06 욕심 많은 개

옛날에 욕심 많은 개 한 마리가 마을을 돌아다니며 먹이를 찾고 있었어요. 마을 어귀에서 고 깃덩어리를 발견한 개는 고깃덩어리를 뺏길까 봐 재빨리 집을 향해 걸었어요. 집으로 가는 길목에는 개울이 흐르고, 그 위로 큰 다리가 놓여 있었어요. 개는 다리를 건너가다 무심코 다 리 아래를 보게 됐어요.

"아니, 저건 또 뭐야?"

개는 깜짝 놀랐어요. 다리 아래쪽 개울물 속에 웬 개 한 마리가 자기처럼 큰 고깃덩어리를 물

고 있는 것이 아니겠어요? 다시 보니 물속의 개가 물고 있는 고깃덩어리가 더 크고 맛있어 보

였어요. 다리 위의 개는 다리 밑의 거를 노려보기 시작했어요. 그랬더니 다리 밑의 개도 마주

노려보는 거였어요. 화가 난 개는 더 겁을 줘야겠다는 생각에 목청껏 "멍!" 하

고 짖었어요.

그런데 이게 어찌된 일일까요? 아래쪽 개의 입엔 더 이상 고깃덩어리가 물려져 있지 않았어

요. 다리 위의 개는 얼른 자신의 고깃덩이를 확인해 봤어요. 그제야 욕심 많은 개는 물속의

개가 자신의 그림자라는 사실을 깨달았어요. "멍!" 하고 짖는 바람에 제 고깃덩어리가 물속으

로 떨어진 것도요.

"아뿔싸, 내 고깃덩어리가 점점 물속으로 가라앉네. 으-이고, 아까워라."

욕심 많은 개는 괜한 욕심을 부린 것을 후회했지만 소용이 없었어요.

바로 이장면!

욕심 많은 개가 그림자인 자신의 모습을 보고 "멍"하고 소리를 지르다 고깃덩어리(여기서는 도넛)를 놓칩니다. 이 장면을 스크래치로 표현해보겠습니다.

완성 프로젝트 살펴보기

ezncode의 [1장. 이야기로 배우는 스크래치] 스튜디오의 '6. 욕심 많은 개(완성)' 프로젝트를 열어 🚩 버튼을 눌러 보세요.

욕심 많은 개가 자신의 그림자를 다른 개로 착각해 "멍멍" 짖자 입에 물고 있던 먹이를 놓치게 됩니다.

이번에는 다른 스크립트에서 인식할 수 있도록 신호를 보내는 '방송하기'를 알아봅니다.

책의 15~21쪽에 ezncode의 스튜디오를 살펴보는 자세한 방법이 나와있습니다.

완성 프로젝트 원리 알기

이벤트의 방송하기는 다른 스프라이트에서 인식할 수 있는 신호를 보내고 그 신호를 받은 스프라이트가 다음 동작을 할 수 있게 하는 제어 블록입니다. 방송하기 신호를 받은 스프라이트는 하단의 스크립트를 실행하게 됩니다.

도넛이다! ▼ 방송하기	:	도넛이다! ▼ 을(를) 받았을 때
		1 초 동안 x: 80 y: -150 으로 움직이기
'도넛이다' 방송하기		'도넛이다' 방송하기를 받았다면?
		특정 위치로 움직이기

프로젝트 만들기

1단계 _ 스튜디오에서 욕심 많은 개(미완성) 프로젝트를 불러옵니다.

```
클릭했을 때
x: -180 y: -10 로 이동하기
```

2단계 _ 프로젝트를 실행했을 때 개가 개울가 나무 다리 왼쪽
에 위치하도록 `이벤트` 의 `클릭했을 때` 와
`동작` 의 `x: 0 y: -80 이동하기` 를 연결합니다.

```
클릭했을 때
x: -180 y: -10 로 이동하기
20 번 반복하기
  모양을 dog2-a ▼ (으)로 바꾸기
  0.2 초 기다리기
  모양을 dog2-b ▼ (으)로 바꾸기
  10 만큼 움직이기
```

3단계 _ 가 스프라이트가 나무다리의 중간 정도 지점까지 걸
어오도록 왼쪽 그림과 같이 `제어` 의
`20 번 반복하기` 를 연결한 후 그 속에 개의 움직임이 달라지
도록 `형태` 의 [모양 바꾸기]와 `제어` 의 [기다
리기], `동작` 의 [움직이기] 블록을 연결합니다.

```
클릭했을 때
x: -180 y: -10 로 이동하기
20 번 반복하기
  모양을 dog2-a ▼ (으)로 바꾸기
  0.2 초 기다리기
  모양을 dog2-b ▼ (으)로 바꾸기
  10 만큼 움직이기
도넛이다! 내가 먹어야지! 멍멍! 을(를) 1 초동안 말하기
도넛이다! ▼ 방송하기
모양을 dog2-c ▼ (으)로 바꾸기
```

4단계 _ 둘에 비친 자신의 모습을 보고 멈춰 서서
"도넛이다!"를 외치며 "멍멍" 짖도록 `형태`
의 `도넛이다! 내가 먹어야지! 멍멍! 을(를) 1.5 초동안 말하기` 와 `이벤트` 의
`도넛이다! ▼ 방송하기` 를 연결합니다. 그리고 물고 있던 도넛을
떨어뜨리는 모습을 나타내기 위해 `형태` 의 '모양
바꾸기'를 연결합니다.

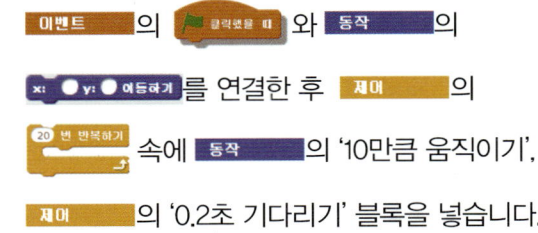

5단계 _ 도넛 역시 개의 입에 물려 함께 움직이도록

이벤트 의 🏴 클릭했을 때 와 동작 의

x: ◯ y: ◯ 이동하기 를 연결한 후 제어 의

20 번 반복하기 속에 동작 의 '10만큼 움직이기',

제어 의 '0.2초 기다리기' 블록을 넣습니다.

6단계 _ 방송하기를 받았을 때 도넛이 아래로 떨어지도록

이벤트 의 도넛이다! 을(를) 받았을 때 에 동작 의

1 초 동안 x: 70 y: -150 으로 움직이기 를 연결합니다.

화면 위쪽의 노란색 리믹스 버튼을 눌러 내가 만든 작품을
저장합니다.

더 나아가기

방송하기 블록이 하나 더 있습니다. 바로 [방송하고 기다리기]입니다. 아래의 블록을 사용해 봅시다.

이 블록은 다른 스크립트에서 알 수 있도록 신호를 보내고(방송하고) 특정 블록에서 그 신호를
받아 처리할 때까지 기다리는 역할을 합니다.

07 젊어지는 샘물

옛날 옛적에 자식이 없어 외로워하는 마음씨 착한 할아버지와 할머니가 살았습니다. 어느 날 할아버지가 산에 나무를 하러 갔다가 소리가 고운 새를 만나 따라갔습니다. 새를 따라 간 곳에는 신기한 샘물이 하나 있었습니다. 할아버지는 목이 말라 그 물을 마셨는데 갑자기 젊어지는 것이었습니다. 그 새는 할아버지가 마음씨가 착하다는 사실을 알고 다시 젊어져서 아기를 낳아 행복하게 살라고 할아버지를 그 샘물로 데려간 것입니다.

집으로 돌아온 할아버지를 본 할머니는 몹시 놀랐습니다. 그래서 다음 날 할머니도 할아버지를 따라 샘물을 마시고 젊어졌습니다.

그 소문이 퍼지자 욕심 많은 홀아비가 와서는 그 샘물이 어디 있는지 물었습니다. 젊은 부부가 가르쳐 주자 홀아비는 그곳에 찾아가 샘물을 마셨습니다. 그런데 홀아비는 욕심을 부려 샘물을 너무 많이 마셔 버렸습니다. 그러자 그 홀아비는 갓난아기가 되어 샘물 옆에서 혼자 있게 됐습니다.

한참이 지나도 홀아비가 돌아오지 않자 걱정이 된 젊은 부부는 샘물을 찾아가 보았습니다. 그곳에는 갓난아기가 된 홀아비가 홀로 울고 있었습니다. 갓난아기를 발견한 젊은 부부는 갓난아기를 집으로 데려와 정성껏 키우며 행복하게 살았답니다.

바로
이 장면!

할머니도 할아버지처럼 샘물을 마시고 젊어졌습니다.
이 장면을 스크래치로 표현해보겠습니다.

완성 프로젝트 살펴보기

eznocode의 [1장. 이야기로 배우는 스크래치] 스튜디오의 '7. 젊어지는 샘물(완성)' 프로젝트를 열어 🚩 버튼을 눌러 보세요.

키보드의 화살표를 오른쪽, 왼쪽으로 움직여 보세요. 샘물 요정을 먹을 때마다 할머니의 나이가 젊어집니다.

책의 15~21쪽에 eznocode의 스튜디오를 살펴보는 자세한 방법이 나와있습니다.

완성 프로젝트 원리 알기

'변수'란 프로그램이 실행되는 동안 값을 저장해 두는 공간을 의미합니다. 방금 살펴본 완성 프로젝트에서 샘물 요정의 수와 할머니의 나이가 변하는 것이 보이죠? 이것이 바로 변수이며, 데이터 에서 제공하는 변수 만들기를 이용해 간단하게 만들 수 있습니다.

변수 만들기

새로운 변수

변수 이름: 나이

◉ 모든 스프라이트에서 사용   ○ 이 스프라이트에서만 사용

▨ Cloud variable (stored on server)

확인   취소

☑ 나이

프로젝트 만들기

1단계 _ 스튜디오에서 '젊어지는 샘물(미완성)' 프로젝트를 불러옵니다.

2단계 _ 프로젝트를 실행했을 때 할머니가 화면의 중앙 아래에 오도록 할머니 스프라이트에 **이벤트** 의 **클릭했을 때** 와 **형태** 의 **모양을 woman waving (으)로 바꾸기** , **동작** 의 **x: 0 y: -50 이동하기** 를 연결합니다.

3단계 _ 프로젝트 원리 알기에서 배운 '변수 만들기'를 따라 나이와 샘물 변수를 만듭니다.

4단계 _ 샘물 변수에 0, 나이 변수에 60을 저장하기 위해 **데이터** 의 **샘물 을(를) 0 로 정하기** 를 연결한 후 **이벤트** 의 **샘물먹기 방송하기** 로 샘물 먹기를 방송합니다.

5단계 _ **샘물먹기 을(를) 받았을 때** 처럼 샘물먹기를 받았을 때 할머니가 움직일 동작을 왼쪽 그림과 같이 지정합니다. **관찰** 의 **오른쪽 화살표 키를 눌렀는가?** 와 **동작** 의 **90 도 방향 보기** , **10 만큼 움직이기** 를 **무한 반복하기** 속에 넣습니다. 그리고 샘물 변수와 나이 변수의 값이 같을 때 할머니 스프라이트가 젊은 여자 스프라이트로 바뀌도록 아래 그림처럼 블록을 연결합니다.

```
샘물먹기 ▼ 을(를) 받았을 때
무한 반복하기
    만약  오른쪽 화살표 ▼ 키를 눌렀는가?  라면
        90 ▼ 도 방향 보기
        10 만큼 움직이기
    아니면
        만약  왼쪽 화살표 ▼ 키를 눌렀는가?  라면
            -90 ▼ 도 방향 보기
            10 만큼 움직이기

    만약  나이 = 샘물  라면
        모양을 girl4-a ▼ (으)로 바꾸기
```

```
클릭했을 때
보이기
x: 200  y: -100  이동하기
```

6단계 _ 샘물 요정 스크립트를 각 위치에 나타내기 위해 `이벤트`의 `클릭했을 때`와 `형태`의 `보이기`, `동작`의 `x: 200 y: -100 이동하기`를 연결합니다. 샘물의 위치로는 원하는 위치의 좌표를 각각 넣으면 됩니다.

```
샘물먹기 ▼ 을(를) 받았을 때
무한 반복하기
    만약  할머니 ▼ 에 닿았는가?  라면
        샘물 ▼ 을(를) 10 만큼 바꾸기
        나이 ▼ 을(를) -10 만큼 바꾸기
        숨기기
```

7단계 _ 샘물 요정이 할머니 스크립트에 닿았을 때 나이와 샘물의 변수가 변하도록 `데이터`의 `샘물 ▼ 을(를) 1 만큼 바꾸기`와 사라지기 위한 `숨기기`를 왼쪽 그림과 같이 지정합니다.

샘물 요정 2, 3도 똑같이 블록을 연결하거나 복사해서 붙입니다.

화면 위쪽의 노란색 리믹스 버튼을 눌러 내가 만든 작품을 저장합니다.

더 나아가기

나이, 샘물 변수 외에 다른 변수(키, 몸무게 등)를 만들어 할머니가 샘물 요정을 먹을 때마다 변수 값이 변하도록 만들어 보세요. 또 할머니가 젊은 여자가 아닌 다른 사람 또는 동물로 변하도록 바꿔보세요.

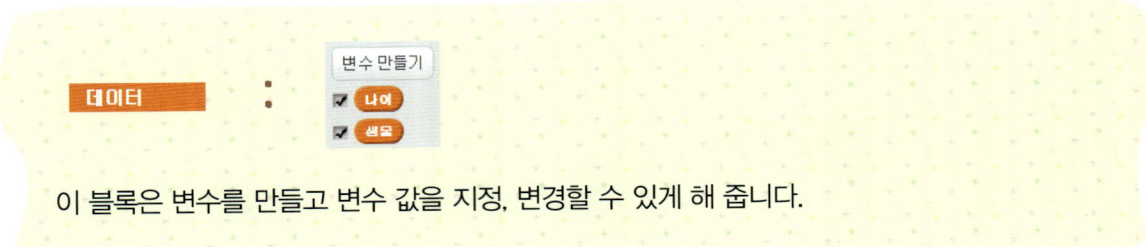

이 블록은 변수를 만들고 변수 값을 지정, 변경할 수 있게 해 줍니다.

또 할머니가 젊은 여자가 아닌 다른 사람 또는 동물로 변하도록 바꿔보세요.

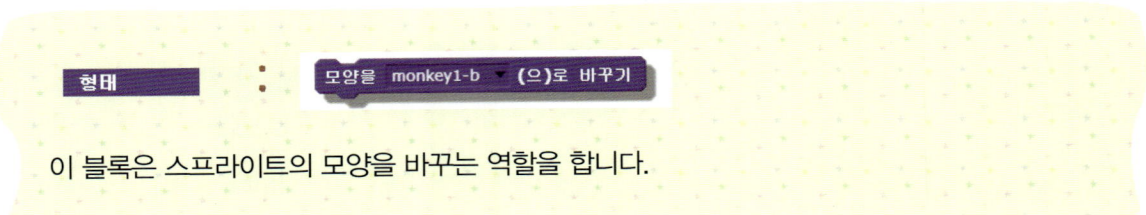

이 블록은 스프라이트의 모양을 바꾸는 역할을 합니다.

스크래치를 이용하면 가상 상황을 만들어 실훈, 실습 등을 모의 체험을 할 수 있습니다. 이를 다

른 말로 시뮬레이션이라 합니다. 시뮬레이션은 복잡한 문제나 사회 현상 따위를 해석하고 해결

하기 위해 실제와 비슷한 모형을 만들어 흉내 내어 실험해 그 특성을 파악하는 일입니다. 이번

장에서는 로봇 청소기가 쓰레기를 청소하는 상황을 비롯해 사람이 자동문 근처로 갔을 때 자동

으로 문이 열리는 장면 등을 스크래치로 만들어보겠습니다. 자, 그럼 준비되셨나요?

01 로봇 청소기

신기한 로봇 청소기

20xx년 0월 0일

오늘 아빠가 맛있는 케이크와 로봇청소기를 사오셨다. 엄마의 생일 선물로 사오신 것이다.

엄마는 케이크에는 관심도 없고 로봇청소기만 뜯어 어떻게 사용하는 것인지 살펴보셨다. 우

리 엄마가 이렇게 청소를 하기 싫어하실 줄은 처음 알았다.

나도 진공청소기는 많이 봤지만 로봇청소기는 처음 봤다. 만화영화에 나오는 로봇의 모습은

아니었지만 동그랗게 생긴 로봇이 혼자 이리저리 움직이며 바닥에 떨어진

쓰레기를 줍는 것이 신기했다.

더 신기한 점은 이 로봇이 벽을 만나면 스스로 방향을 바꿔서 구석구석

청소를 계속한다는 점이었다. 나는 일부러 이곳저곳에 쓰레기를 뿌려 로봇청소기가

모두 다 찾아내는지 알아봤다. 여기저기 다니느라 시간이 좀 걸리긴 했지만 모두 말끔히 청소

를 끝내자 엄마와 나는 신나서 소리를 질렀다. 엄마도 나도 모두가 행복한 날이었다.

바로
이 장면!

로봇청소기는 스스로의 힘으로 방안 구석구석을 다니며 쓰
레기를 줍습니다. 이 장면을 스크래치로 표현해보겠습니다.

완성 프로젝트 살펴보기

ezncode의 [2장. 시뮬레이션으로 배우는 스크래치] 스튜디오의 '1. 로봇 청소기(완성)' 프로젝트를 열어  버튼을 눌러 보세요.

로봇 청소기가 쓰레기를 찾아 움직이다 쓰레기를 발견하면 줍습니다.

아래의 STOP 버튼을 누르면 로봇 청소기가 동작을 멈춥니다.

책의 15~21쪽에 ezncode의 스튜디오를 살펴보는 자세한 방법이 나와있습니다.

프로젝트 알고리즘

등장 스프라이트

로봇 청소기　　　　쓰레기　　　　멈춤 버튼

프로젝트 설계도

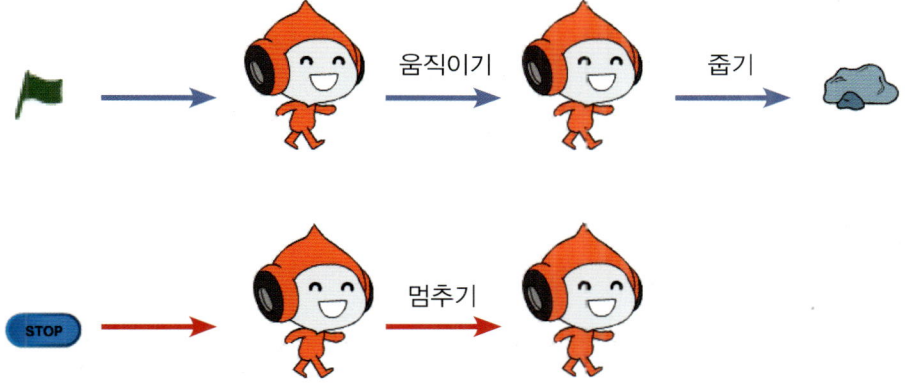

- 로봇 청소기는 방안 곳곳을 다니며 쓰레기가 있으면 청소를 합니다.

- STOP 버튼을 누르면 로봇 청소기가 작동을 멈춥니다.

스크래치 코딩

스프라이트에 글씨 넣기

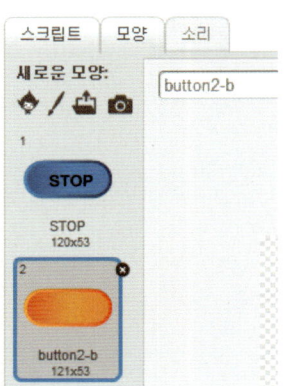

스프라이트에 글씨를 넣으려면 먼저 모양으로 갑니다. 원하는 모양을 선택한 후 그림판 맨 오른쪽의 **T** 버튼을 누릅니다.

글씨를 넣을 수 있는 커서가 생기면서 원하는 글씨를 넣을 수 있습니다.

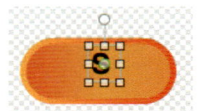

6가지 폰트를 제공하고 있으므로 원하는 글씨체로 바꿀 수도 있습니다.

Donegal	SCRATCH
Gloria	SCRATCH
Helvetica	SCRATCH
Marker	SCRATCH
Mystery	SCRATCH
Scratch	SCRATCH

프로젝트 만들기

1단계 _ 스튜디오에서 '로봇 청소기(미완성)' 프로젝트를 불러옵니다.

```
클릭했을 때
x: -150 y: -120 로 이동하기
1 초 기다리기
무한 반복하기
    30 만큼 움직이기
    만약  벽 ▼ 에 닿았는가?  라면
        ↻ 90 도 돌기
    0.5 초 기다리기
```

2단계 _ 로봇 청소기가 집안 구석구석을 다니며 쓰레기를 줍도록 왼쪽 그림과 같이 '이벤트' 블록과 동작의 '이동하기' 블록을 연결합니다.

그다음 **제어** 의 '무한 반복하기' 블록 속에 왼쪽 그림과 같이 블록을 연결합니다.

3단계 _ 쓰레기가 불규칙적으로 방안에 놓여있도록 **형태** 의 '모양 바꾸기'와 '보이기', '크기 정하기' 블록을 아래 그림처럼 연결한 후 **동작** 의 'x ,y 좌표로 이동하기' 속에 각 좌표가 무작위로 정해질 수 있도록 난수를 지정합니다. 이렇게 만들어진 쓰레기를 복제해 집안 구석구석에 놓이도록 '나 자신 복제하기' 블록을 '10번 반복하기' 블록 속에 넣습니다.

```
클릭했을 때
10 번 반복하기
    나 자신 ▼ 복제하기
    모양을 rocks ▼ (으)로 바꾸기
    보이기
    크기를 35 % 로 정하기
    x: -220 부터 220 사이의 난수 y: -160 부터 160 사이의 난수 로 이동하기
숨기기
```

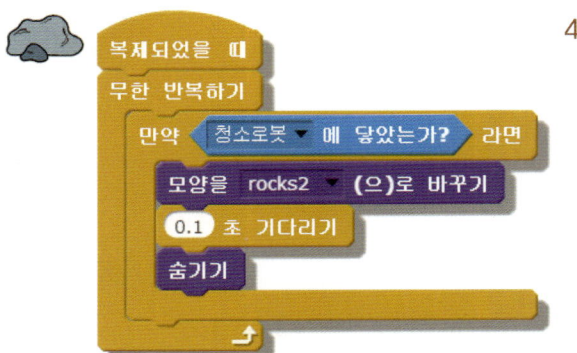

4단계 _ 쓰레기 스프라이트가 복제됐을 때 로봇 청소기에 닿으면 색깔이 빨갛게 변한 후 사라지도록 왼쪽 그림과 같이 제어 의 '무한 반복하기' 블록 속에 각 조건과 결과 블록을 넣습니다.

5단계 _ 로봇 청소기가 청소를 마치고 동작을 멈추도록 STOP 스프라이트에 '모두 멈추기' 블록을 연결합니다.

화면 위쪽의 노란색 리믹스 버튼을 눌러 내가 만든 작품을 저장합니다.

더 나아가기

앞에서는 로봇 청소기가 스스로 움직이도록 무한 반복으로 움직이다가 벽에 닿았을 때 방향을 틀게 했습니다. 이 외에 어떤 방법이 있을까요?

난수 블록을 이용하면 무작위로 움직이게 할 수 있습니다. 쓰레기들이 아무 곳에나 위치한 것처럼 로봇 청소기가 마음대로 움직이며 쓰레기를 치우게 해봅시다. 이때 움직이기 블록과 난수 블록을 이용해 보세요.

연산 : 0 부터 100 사이의 난수

무한 반복하기
  0 부터 100 사이의 난수 만큼 움직이기

02 신기한 자동문

신나는 백화점

20xx년 0월 0일

내일은 사랑하는 동생의 생일이다. 올해 내 생일에 동생이 필통을 사줬다. 이렇게 언니를 위

해 선물을 사준 동생이 너무나도 고마웠다. '이제 곧 동생 생일이 다가오는데, 동생에게 뭘

사줄까?'라고 생각하며 엄마와 함께 동생 선물을 사기 위해 백화점에 갔다. 휴일이라 그런지

백화점에는 사람들이 엄청 많았다. 귀여운 캐릭터가 있는 옷을 사줄까? 아니면 동생이 좋아

하는 책을 사줄까? 아니면… 음… 뭘 살까 고민하고 있는데 저기 앞에 동생이 너무나도 좋아하는 만화 캐릭터 인형이 딱! 하고 나타났다. '좋아! 저걸로 사야지!'라고 마음을 먹고 엄마 손을 이끌고 매장으로 들어갔다.

그런데 매장에 들어가는 입구는 자동문이었다. 내가 가까이 다가가자 문이 열리고, 조금 멀어지자 문이 닫히는 자동문! 우와! 이 자동문은 어떻게 만들어진 걸까? 동생 선물 사는 것도 까맣게 잊어버린 채 생각에 잠겨버렸다. 그러자 엄마께서 "얘야! 무슨 생각을 그렇게 하고 있니?"라고 하시는 것이었다. "자동문은 어떻게 만드는 거에요? 너무 신기해요!"라고 엄마께 물었다. 엄마는 "하하, 자동문이 어떻게 열리고 닫히는지 궁금한가 보구나! 자동문은 저기 보이는 센서가 사람이 있는지 없는지 알아보고, 있으면 열리고, 없으면 닫히는 거란다"라고 대답해 주셨다. '음…그럼 나도 만들 수 있겠는걸! 한 번 만들어 봐야겠다!'라고 생각하며 동생에게 줄 예쁜 선물을 사서 집에 왔다.

바로 이 장면!

자동문은 사람이 다가가면 열리고, 멀리 떨어지면 닫힙니다. 이 장면을 스크래치로 표현해보겠습니다.

완성 프로젝트 살펴보기

ezncode의 [2장. 시뮬레이션으로 배우는 스크래치] 스튜디오의 '2. 신기한 자동문(완성)' 프로젝트를 열어 🚩 버튼을 눌러 보세요.

자동문과의 거리에 따라 자동문이 열리거나 닫힙니다.

키보드의 상하좌우 화살표 키를 이용해 자동문 쪽으로 다가가 보세요.

자동문에 가까이 다가가면 문이 열립니다.

자동문에서 멀어지면 문이 닫힙니다.

책의 15~21쪽에 ezncode의 스튜디오를 살펴보는 자세한 방법이 나와있습니다.

프로젝트 알고리즘

등장 스프라이트

자동문 1   자동문 2   센서   여준

프로젝트 설계도

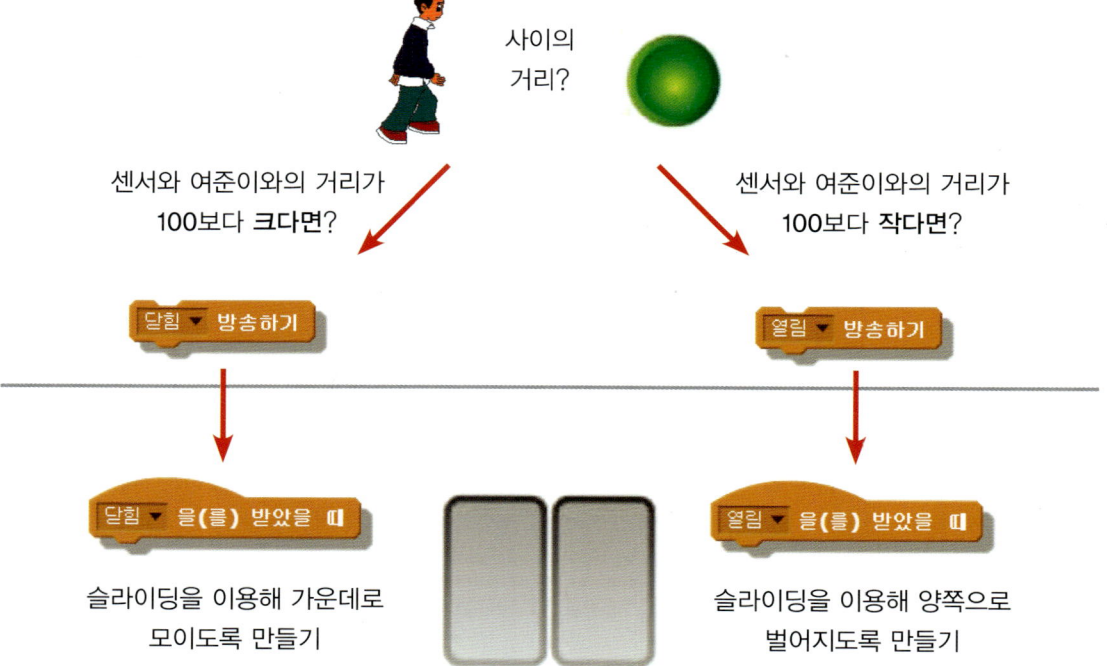

- 여준과 센서와의 거리를 알아봅니다.

- 거리가 100(이 값은 바꿀 수 있습니다)보다 작을 때(여준이 자동문과 가까워졌을 때)는 자동문이 열립니다.

- 거리가 100(이 값은 바꿀 수 있습니다)보다 클 때(여준이 자동문에서 멀어졌을 때)는 자동문이 닫힙니다.

스크래치 코딩

스크래치의 좌표 알아보기

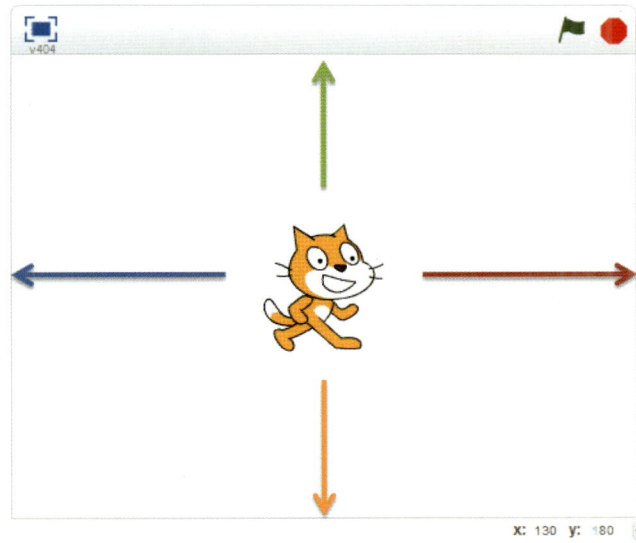

스크래치의 화면에는 각 스프라이트의 위치를 손쉽게 파악할 수 있는 좌표가 나타나 있습니다. 스프라이트가 화면 중앙을 기준으로 위, 아래, 오른쪽, 왼쪽으로 얼마나 떨어져 있는지를 좌표를 통해 알 수 있습니다. 위와 아래는 Y좌표로, 오른쪽과 왼쪽은 X좌표로 나타냅니다.

스크래치의 좌표는 화면 중앙을 기준으로 오른쪽 끝은 +180, 왼쪽 끝은 −180, 위쪽 끝은 +240, 아래쪽 끝은 −240입니다.

프로젝트 만들기

1단계 _ 스튜디오에서 '신기한 자동문(미완성)' 프로젝트를 불러옵니다.

```
오른쪽 화살표 ▼ 키를 눌렀을 때
90 ▼ 도 방향 보기
x좌표를 10 만큼 바꾸기
```

2단계 _ 오른쪽으로 움직이도록 여준 스프라이트에 왼쪽의 블록을 연결합니다.

```
왼쪽 화살표 ▼ 키를 눌렀을 때
-90 ▼ 도 방향 보기
x좌표를 -10 만큼 바꾸기
```

3단계 _ 왼쪽 화살표 키를 눌렀을 때 왼쪽을 보며 이동하도록 왼쪽과 같이 블록을 연결합니다.

```
위쪽 화살표 ▼ 키를 눌렀을 때
크기를 -3 만큼 바꾸기
y좌표를 10 만큼 바꾸기
```

4단계 _ 위쪽, 아래쪽 화살표를 눌렀을 때 여준의 크기가 변경되며 이동할 수 있게 블록을 연결합니다.

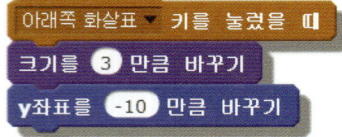

```
아래쪽 화살표 ▼ 키를 눌렀을 때
크기를 3 만큼 바꾸기
y좌표를 -10 만큼 바꾸기
```

```
🏳 클릭했을 때
무한 반복하기
  다음 모양으로 바꾸기
  0.1 초 기다리기
```

5단계 _ 깃발을 클릭했을 때 걸어가는 모양을 만들도록 반복블록을 사용합니다.

6단계 _ 여준까지의 거리를 기준으로 '열림', '닫힘' 방송하기 를 하는 블록을 만들어 보겠습니다.

여준까지의 거리가 100보다 크다면 열림을 방송하고, 아니면 닫힘을 방송하는 블록입니다.

7단계 _ 거리를 계속 알아보도록 제어 의  블록을 왼쪽과 같이 연결합니다.

자동문1

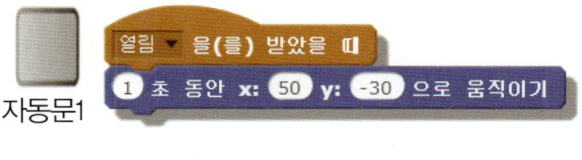

8단계 _ 시작 위치를 왼쪽과 같이 설정합니다.

자동문1

9단계 _ 방송을 받았을 때의 동작을 왼쪽과 같이 설정합니다.

자동문2

10단계 _ 시작 위치를 왼쪽과 같이 설정합니다.

자동문2

11단계 _ 방송을 받았을 때의 동작을 왼쪽과 같이 설정합니다.

화면 위쪽의 노란색 리믹스 버튼을 눌러 내가 만든 작품을
저장합니다.

더 나아가기

자동문과 사람의 거리가 멀어도 자동문이 열리도록 바꿀 수 있을까요? 그리고 자동문이 조금 더 천천히 혹은,
조금 더 빨리 열리게 할 수 있을까요?

03 학교 시계

우리 학교도 시계가 있었으면 좋겠다!

20xx년 0월 0일

오늘은 점심시간에 친구들과 함께 즐거운 축구시합을 했다. 그런데 시간 가는 줄 모르고 축

구경기를 하다가 그만 깜빡하고 수업시간에 늦어 선성님께 혼이 났다.

"지금 들어온 사람들 앞으로 나와요. 왜 수업시간에 늦었지?"

"축구하다가 시간 가는 줄 몰랐어요."

"시계를 보고 시간 맞춰 들어와야지. 운동장에도 시계 있잖아."

"아니에요, 선생님! 운동장에 시계 없어요."

"뭐라고, 정말이야? 우리 학교 운동장에 시계가 없다고?"

"네! 그러니까 저희가 늦게 들어온 건 저희 잘못이 아니라고요?"

선생님께서는 지금까지 학교에 시계가 없는 줄 몰랐다, 라고 말씀하시며 자리로 들어가도 좋다고 말씀하셨다. 집에 돌아와서 생각해 보니 시계가 없으면 불편한 점이 많을 거라는 생각이 들었다. 오늘처럼 수업시간이나 약속에 늦을 수도 있고, 하루가 엉망이 될 것 같다는 생각이 들었다. 앞으로 우리 학교에도 시계가 있었으면 좋겠다는 생각을 했다. 내가 한 번 만들어 볼까?

> **바로 이장면!**
>
> 여러분이 다니는 학교의 운동장에는 시계가 있나요?
> 오늘은 시계가 어떻게 움직이는지 생각해보고 이를
> 스크래치로 표현해보겠습니다.

완성 프로젝트 살펴보기

ezncode의 [2장. 시뮬레이션으로 배우는 스크래치] 스튜디오의 '3. 학교시계(완성)' 프로젝트를 열어 🚩 버튼을 눌러 보세요.

학교 시계의 바늘이 현재 컴퓨터의 시간에 맞춰 정확하게 움직이게 됩니다.

그리고 왼쪽 상단에 시, 분, 초의 값이 표시됩니다.

책의 15~21쪽에 ezncode의 스튜디오를 살펴보는 자세한 방법이 나와있습니다.

프로젝트 알고리즘

등장 스프라이트

시침   분침   초침   시계배경   중앙점

프로젝트 설계도

시침

12시 × 30˚ = 360˚

분침

60분 × 6˚ = 360˚

초침

60초 × 6˚ = 360˚

- 프로젝트를 실행하면 현재 컴퓨터의 시, 분, 초 값을 변수로 가져옵니다.

- 각 시, 분, 초 값을 시계로 표현하기 위해 회전 각도를 계산해 적용합니다.

- 시계의 각 침이 360˚ 회전하기 위해 시침은 30˚, 분침과 초침은 6˚씩 회전해야 합니다.

스크래치 코딩

시간 블록 알아보기

블록	블록 설명
현재 시 ▼	현재 컴퓨터 시간의 시 정보를 알려줍니다.
현재 분 ▼	현재 컴퓨터 시간의 분 정보를 알려줍니다.
현재 초 ▼	현재 컴퓨터 시간의 초 정보를 알려줍니다.

스프라이트 회전하기

스프라이트를 0°에서 360°만큼 회전시킵니다.

스프라이트 회전하기

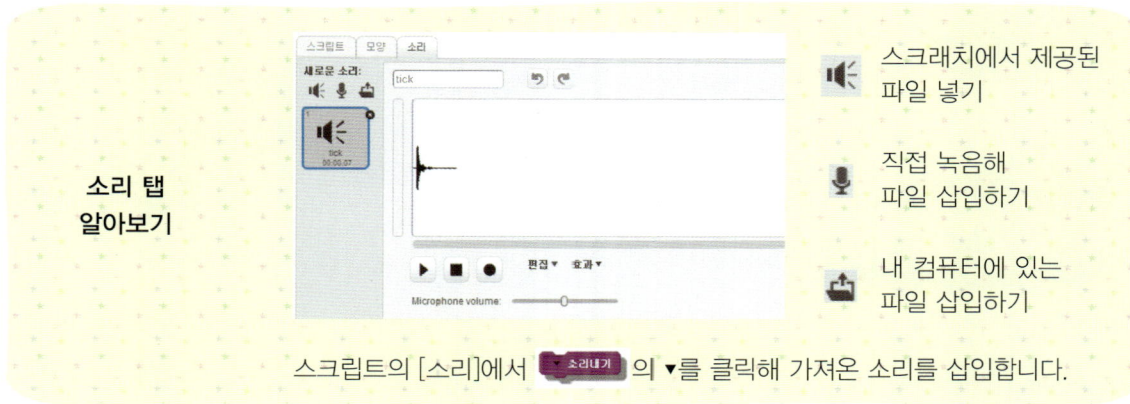

소리 탭
알아보기

스크래치에서 제공된
파일 넣기

직접 녹음해
파일 삽입하기

내 컴퓨터에 있는
파일 삽입하기

스크립트의 [소리]에서 소리내기 의 ▼를 클릭해 가져온 소리를 삽입합니다.

프로젝트 만들기

1단계 _ 스튜디오에서 '학교 시계(미완성)' 프로젝트를 불러옵니다.

 **2단계 _** 데이터 의 변수 만들기 를 활용해 아래와 같이 시, 분, 초 변수를 무대 왼쪽 위에 추가합니다.

 **3단계 _** 시간과 변수 값을 일치시키기 위해 데이터 의

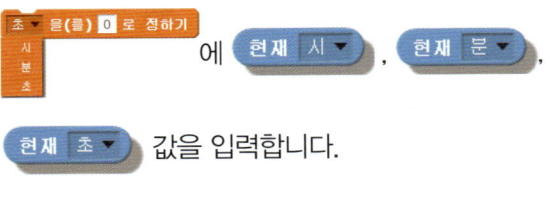 에 현재 시 , 현재 분 ,

현재 초 값을 입력합니다.

4단계 _ 시계판과 중앙점을 왼쪽과 같이 배치합니다.

시계판

중앙점

시침

```
클릭했을 때
x: -16 y: 70 이동하기
무한 반복하기
    현재 시▼ * 30 도 방향 보기
```

5단계 _ 초침을 움직이기 위해 초침의 자리를 잡고 컴퓨터의 시 값에 30을 곱한 결과, 즉 `현재 시▼ * 30` 값을 보도록 설정합니다.

분침

```
클릭했을 때
x: -16 y: 70 이동하기
무한 반복하기
    현재 분▼ * 6 도 방향 보기
```

6단계 _ 분침을 움직이기 위해 자리를 잡은 후 컴퓨터의 분 값에 6을 곱한 결과, 즉 `현재 분▼ * 6` 값으로 회전하도록 설정합니다.

초침

7단계 _ 초침을 움직이기 위해 자리를 잡은 후 컴퓨터의 츠 값에 6을 곱한 결과 값, 즉 `현재 초▼ * 6` 으로 회전하도록 설정합니다.

또한 초침이 1초씩 지나감에 따라 틱(tick) 소리를 내기 위해 다음과 같은 조건문을 삽입합니다.

```
클릭했을 때
x: -16 y: 70 로 이동하기
무한 반복하기
    현재 초▼ * 6 도 방향 보기
    만약 초 = 현재 초▼ 아니다 라면
        tick▼ 소리내기
```

컴퓨터 시계의 초 값과 변수[초]에 저장되는 초 값에는 아주 짧지만 어느 정도의 차이가 있습니다. 아래의 조건문은 이를 활용한 것입니다.

화면 위쪽의 노란색 리믹스 버튼을 눌러 내가 만든 작품을 저장합니다.

더 나아가기

1_ 오후 1시가 되면 점심시간이 끝나고 5교시가 시작됩니다. 오후 12시 55분에 운동장에서 놀

고 있는 친구들에게 5교시가 곧 시작된다는 것을 알려주는 종을 쳐보겠습니다.

힌트: 조건문을 활용합니다. 예) 만약 시침 값이 12, 분침이 55이면 종을 치게 합니다.

2_ 다양한 모양의 시계를 만들어 봅니다.

힌트: 시침, 분침, 초침의 변수 값을 활용합니다.

04 횡단보도 건너기

안전체험학습을 다녀와서

20xx년 0월 0일

오늘은 학교에서 안전체험학습을 다녀왔다. 오랜만에 교실 밖을 나와 상쾌한 공기를 한껏 들

어마실 생각을 하니 어깨가 절로 들썩거렸다.

안전체험학습장은 학교에서 그리 멀지 않은 곳에 있었다. 선생님을 따라 줄을 서서 안전체험

학습장으로 가고 있었다. 학교에서 체험학습장을 가려면 횡단보도 두 군데를

건너야 한다. 선생님께서 "얘들아! 이 횡단보도는 건너는 시간이 짧으니 선생님을 따라 빨리 건너야 한단다!"라고 말씀하셨다. 나와 짝꿍은 선생님 말씀을 잘 듣고 "네~! 선생님"이라고 대답했다.

하지만 뒤에 있던 성호와 동수는 선생님께서 말씀을 하든 말든 아랑곳하지 않고 장난치기에 바빴다. "얘들아 건너자!"라는 선생님의 말씀과 함께 우리 반은 다함께 신호등을 건너기 시작했다! 그런데 "다 왔니?"라는 선생님의 말씀이 끝나기가 무섭게 "끼~~~~~~~~~익"하는 소리가 들려왔다.

아니나 다를까 뒤에서 장난치던 성호와 동수가 빨간불일 때 건너왔던 것이다. 다행히 성호와 동수를 본 운전자 아저씨가 빨리 멈춰 다행히 사고를 피할 수 있었다.

선생님께 한바탕 혼이 난 성호와 동수는 안전체험학습장에서 다른 친구들보다 더 정신을 차리고 횡단보도를 안전하게 건너는 방법을 듣는 것 같았다. 나도 오늘 배운 횡단보도 안전하게 건너는 방법을 잘 생각하며 안전하게 횡단보도를 건너야겠다!

바로 이 장면!

횡단보도의 신호등이 빨간불일 때 사람은 멈추고 자동차는 움직입니다. 녹색불일 때 자동차는 멈추고 사람이 건너갑니다. 이 장면을 스크래치로 표현해보겠습니다.

완성 프로젝트 살펴보기

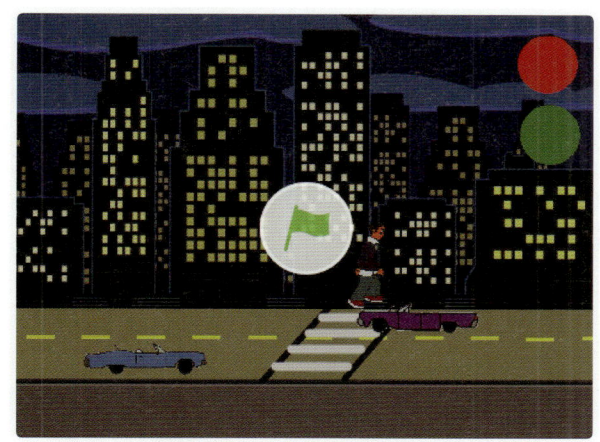

eczncode의 [2장. 시뮬레이션으로 배우는 스크래치] 스튜디오의 '4. 횡단보도 건너기(완성)' 프로젝트를 열어 🚩 버튼을 눌러 보세요.

신호등의 색깔에 따라 자동차나 사람의 움직임이 달라집니다.

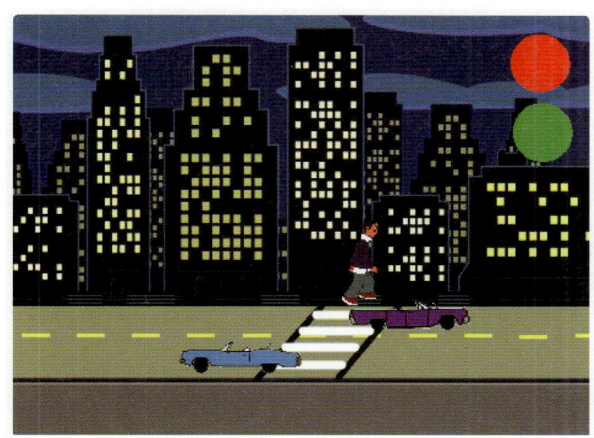

신호등의 빨간 버튼을 눌러보세요.

사람은 횡단보도에서 멈추고, 자동차들이 움직입니다.

신호등의 녹색 버튼을 눌러보세요.

사람이 횡단보도를 건너고, 자동차들이 멈추게 됩니다.

책의 15~21쪽에 eczncode의 스튜디오를 살펴보는 자세한 방법이 나와있습니다.

프로젝트 알고리즘

등장 스프라이트

빨간불   녹색불   자동차1, 2   여건

프로젝트 설계도

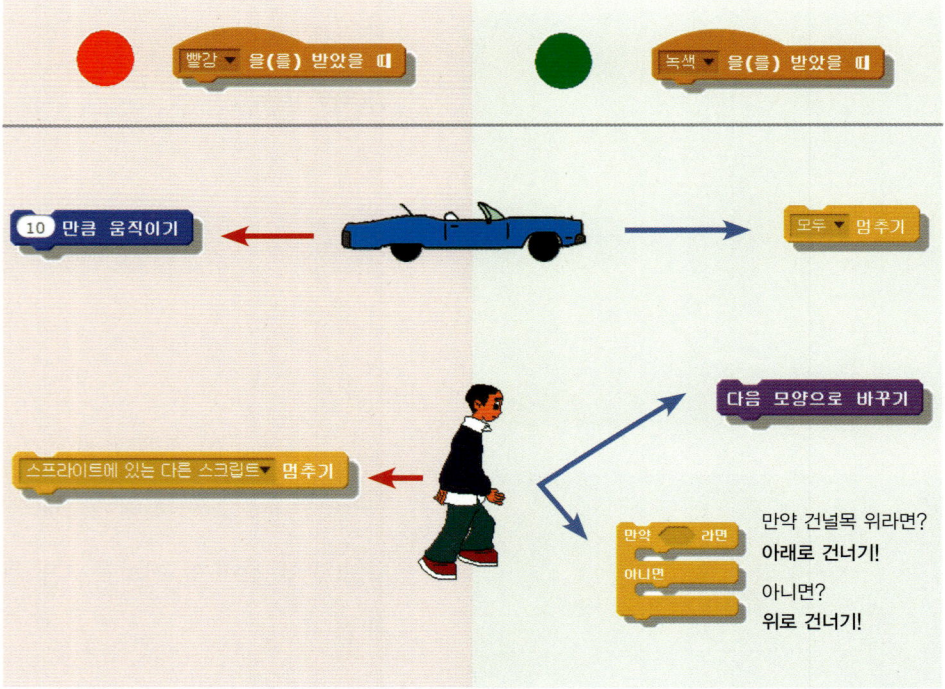

- 빨간불일 때 자동차는 움직이고, 여건이는 멈춥니다.

- 녹색불일 때 자동차는 멈추고, 여건이는 횡단보도를 건넙니다. 이때 사람은 발을 바꾸어 건너며, 만약 횡단 보도 위에 있다면 아래로 건너고 아래에 있다면 위로 건너게 됩니다.

스크래치 코딩

회전 방식 정하기

 스프라이트의 'i'를 클릭하면 아래와 같은 화면이 나옵니다. 이 화면에서 스프라이트의 이름을 수정할 수 있고, 회전 방식을 결정할 수 있습니다.

벽에 닿았을 때 좌, 우, 위, 아래가 모두 바뀌게 됩니다.

벽에 닿았을 때 좌우만 바뀌게 됩니다.

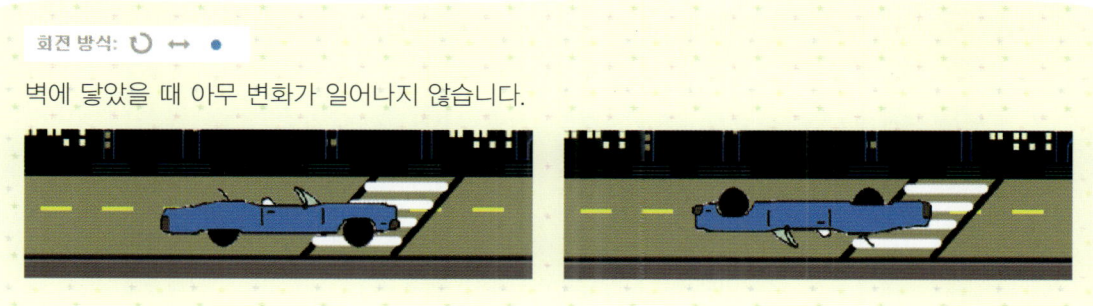

벽에 닿았을 때 아무 변화가 일어나지 않습니다.

프로젝트 만들기

1단계 _ 스튜디오에서 '횡단보도를 건너요(미완성)' 프로젝트를 불러옵니다.

2단계 _ 빨강 신호등 스프라이트에 이벤트의 빨간불 방송하기 블록을 연결합니다.

3단계 _ 녹색 신호등 스프라이트에 이벤트의 녹색불 방송하기 블록을 연결합니다.

4단계 _ '빨간불' 방송을 받았을 때 자동차가 이동하도록 블록을 연결합니다. 그 후 벽에 닿으면 튕기도록 동작의 벽에 닿으면 튕기기 블록을 연결합니다.

5단계 _ '녹색불' 방송을 받았을 때 자동차가 멈추도록 블록을 결합합니다.

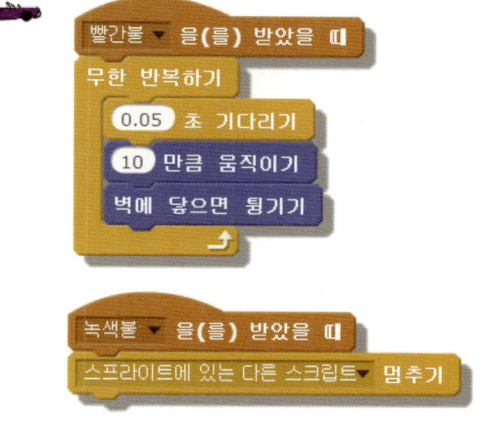

6단계 _ 자동차과 똑같이 스크립트를 만듭니다.

이때 회전 방식은 회전 방식: ↻ ↔ ● 으로 지정합니다.

7단계 _ '빨간불' 방송을 받았을 때 멈추도록 블록을 결합합니다.

8단계 _ '늑색불' 방송을 받았을 때 걸어가는 모양을 만들도록  블록을 결합합니다.

9단계 _ 반복문 안에 '0.1초'마다 모양을 바꾸도록 형태 의 다음 모양으로 바꾸기 블록을 넣습니다.

10단계 _ '녹색불' 방송을 받았을 때 '여건'이 횡단보도 위에 있는지, 아래쪽에 있는지에 따라 다르게 행동하도록 제어 의 만약 라면 아니면 블록을 결합합니다.

10단계 _ 조건문의 조건을 입력합니다.

11단계 _ '여건'이가 횡단보도 아래에 있다면 위로 가게 하고, 그렇지 않으면 밑으로 가도록 왼쪽과 같이 블록을 결합합니다.

회전 방식은 회전 방식: ↻ ↔ ● 입니다.

화면 위쪽의 노란색 리믹스 버튼을 눌러 내가 만든 작품을 저장합니다.

더 나아가기

횡단보도 신호등이 녹색불일 때 횡단보도를 건너다 차가 사람과 마주치면 멈춰야겠죠? 이 장면을 아래 블록을 이용해 표현해 봅시다.

관찰　　　　　▼ 에 닿았는가?

이 블록은 특정 스프라이트에 닿았는지 확인하는 역할을 합니다.

05 전기회로

즐거운 과학시간! 전기회로를 만들었어요!

20xx년 0월 0일

오늘 과학시간에 전기회로를 배웠다. 전지에 집게전선을 이용해 꼬마전구를 연결한 후 스위

치를 켜니 전구에 밝은 빛이 들어왔다. 플러그가 없이도 밝은 빛을 만들 수 있다는 사실이 신

기했다.

더욱 신기한 것은 아연판과 구리판을 연결한 오렌지를 연결했는데 신기하게도 불이 들어왔다는 것이다. 그 순간 우리 반 모두가 동시에 "우와~"라고 소리를 질렀다. 오렌지 같은 과일로도 불을 켤 수 있다는 사실이 무척이나 신기했다.

내가 직접 연결하고 만들어 볼 수 있었던 과학 실험 덕분에 오늘 수업은 정말 재미있었다. 집으로 돌아가서 다른 방법으로 더 밝은 전기회로를 직접 만들어 보고 싶다는 생각이 들었다.

바로 이장면!

오늘은 과학시간에 배운 전기회로의 원리를 스크래치에 적용해 전기회로 시뮬레이션을 만들어 보겠습니다.

완성 프로젝트 살펴보기

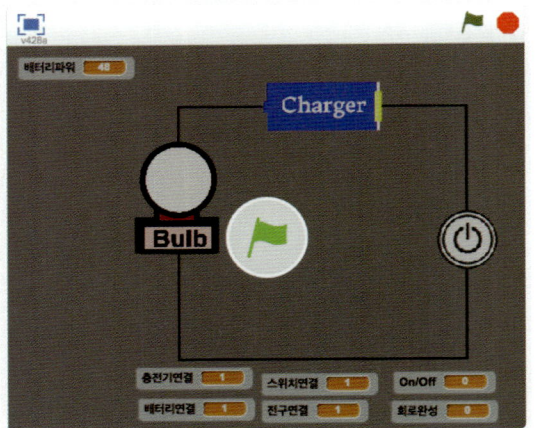

ezncode의 [2장. 시뮬레이션으로 배우는 스크래치] 스튜디오의 '5. 전기회로(완성)' 프로젝트를 열어 🚩 버튼을 눌러 보세요.

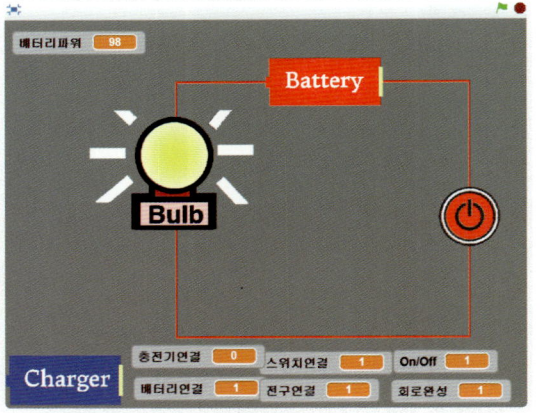

배터리, 전구, 스위치의 각 부품들을 알맞은 위치로 옮깁니다. 그리고 스위치를 클릭해 불을 켭니다.

부품들이 하나둘씩 연결될 때마다 변수 값이 0에서 1로 바뀌는 것을 확인할 수 있습니다.

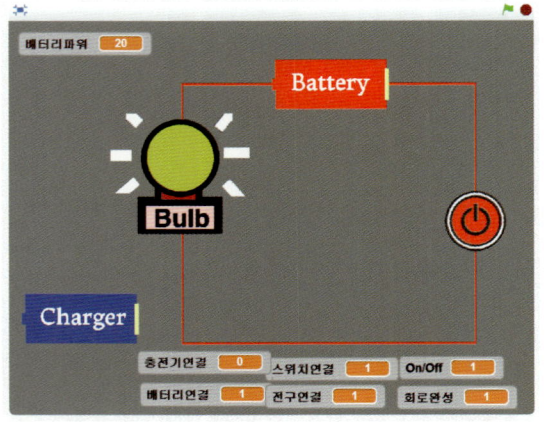

배터리의 전력에 따라 전구의 밝기가 변하는 모습을 확인할 수 있습니다.

전구의 밝기가 약할 때 충전기를 연결해 배터리 전력을 보충한 후 전구의 밝기를 더 밝게 해보겠습니다.

책의 15~21쪽에 ezncode의 스튜디오를 살펴보는 자세한 방법이 나와있습니다.

프로젝트 알고리즘

등장 스프라이트

| 전구 | 전구소켓 | 스위치 | 스위치소켓 | 배터리 | 배터리소켓 | 충전기 |

프로젝트 설계도

자리배치

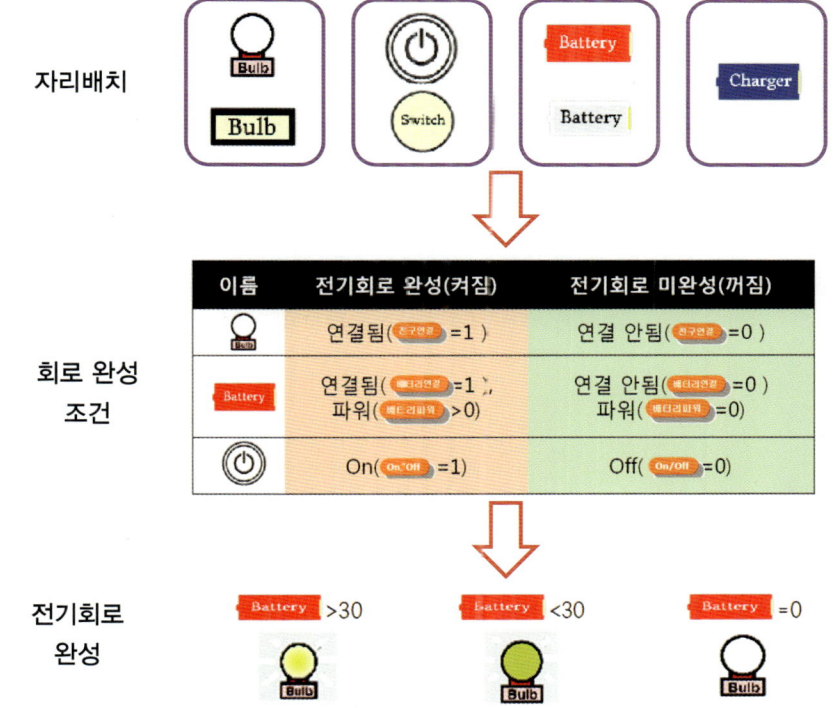

회로 완성 조건

이름	전기회로 완성(켜짐)	전기회로 미완성(꺼짐)
🔘	연결됨(전구연결 =1)	연결 안됨(전구연결 =0)
Battery	연결됨(배터리연결 =1) 파워(배터리파워 >0)	연결 안됨(배터리연결 =0) 파워(배터리파워 =0)
⏻	On(On/Off =1)	Off(On/Off =0)

전기회로 완성

Battery >30   Battery <30   Battery =0

- 프로젝트가 시작되면 각 스프라이트를 드래그해서 연결합니다.

- 전기회로 완성 조건을 모든 조건이 만족(1)되게 합니다.

- 전기회로가 완성되면 배터리의 양에 따라 전구의 밝기가 변합니다.

스크래치 코딩

전기회로 변수 알아보기

변수	변수 값	변수 설명
On/Off	0 또는 1	on(1), off(0)
배터리연결	0 또는 1	배터리소켓에 연결(1), 미연결(0)
전구연결	0 또는 1	전구소켓에 연결(1), 미연결(0)
배터리파워	0 ~ 100	배터리 파워는 초기값 100에서 점차 감소
회로완성	0 또는 1	전기회로 완성(1), 미완성(0)

연산자의 종류

전기회로 구성에 사용하는 연산자의 종류를 알아보겠습니다. 연산자는 논리연산과 비교연산으로 구분되며 일반적으로 조건 블록과 함께 사용됩니다.

조건 블록의 예
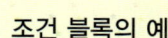   

구분	종류	참(1)	거짓(0)
논리 연산자	그리고	두 조건을 모두 만족할 때	참이 아닌 모든 경우
	또는	두 조건 중 하나라도 만족함	참이 아닌 모든 경우
	아니다	조건을 만족하지 않을 때	참이 아닌 모든 경우

구분	종류	참(1)	거짓(0)
비교 연산자	⬛=⬛	두 값이 같을 때	두 값이 다를 경우
	⬛<⬛	오른쪽이 클 때	왼쪽이 크거나 같을 경우
	⬛>⬛	왼쪽이 클 때	오른쪽이 크거나 같을 경우

프로젝트 만들기

1단계 _ 스튜디오에서 '전기회로(미완성)' 프로젝트를 불러옵니다.

2단계 _ 무대 스프라이트에 각 변수 값을 초기화하는 스크립트를 입력합니다.

3단계 _ 만약 〈 〉 라면 에 전기회로를 완성하기 위한 연산 구문을 입력합니다.

4단계 _ 다음과 같이 모든 스프라이트가 연결되고 [배터리의 파워]가 0보다 큰 조건을 동시에 만족할 때 전기회로가 완성됩니다.

> 스위치연결 = 1 and 배터리연결 = 1 and 전구연결 = 1 and On/Off = 1 and 배터리파워 > 0

스위치

5단계 _ 스위치를 클릭하면 다른 모양으로 바뀌는 블록을 삽입합니다. 그리고 '모양 번호'에 따라 스위치의 변수 값이 변하도록 정합니다.

```
이 스프라이트를 클릭했을 때
다음 모양으로 바꾸기
만약  모양 번호 = 1  라면
    On/Off ▼ 을(를) 0 로 정하기
아니면
    On/Off ▼ 을(를) 1 로 정하기
```

모양번호 값이 1일 경우 ⏻

모양번호 값이 1일 경우 ⏻

6단계 _ 시작 버튼이 클릭됐을 때 off 버튼으로 설정합니다. 만약 스위치 소켓과 충돌하게 되면 스위치 소켓의 위치로 이동하고 '스위치 연결' 변수 값에 변화를 줍니다.

```
클릭했을 때
x: -186 y: -32 로 이동하기
모양을 off (으)로 바꾸기
무한 반복하기
    만약  스위치소켓 ▼ 에 닿았는가?  라면
        스위치소켓 ▼ 위치로 이동하기
        스위치연결 ▼ 을(를) 1 로 정하기
    아니면
        스위치연결 ▼ 을(를) 0 로 정하기
```

전선

7단계 _ 전선의 위치를 고정한 후 스프라이트의 맨 밑으로 보냅니다.

만약 전기회로가 완성되면 전선의 모양을 빨간색 (후)으로 변경합니다.

Charger
충전기

8단계 _ 충전기의 위치를 고정하고 '충전기연결' 변수를 0 으로 초기화합니다.

9단계 _ 다음의 각 소켓 스프라이트의 위치를 아래와 같이 고정합니다.

| 전구소켓 | 스위치소켓 | 배터리소켓 |

10단계 _ 전구의 모양은 최초 '꺼짐' 상태이고 전기회로가 완성되면 전구의 불이 켜지게 합니다.

전구의 밝기는 '배터리 파워' 크기가 30보다 클 때와 30보다 작을 때의 두 가지 경우로 다르게 표현합니다.

```
클릭했을 때
x: -183 y: 15 로 이동하기
모양을 꺼짐 ▼ (으)로 바꾸기
무한 반복하기
    만약 전구소켓 ▼ 에 닿았는가? 라면
        전구소켓 ▼ 위치로 이동하기
        전구연결 ▼ 을(를) 1 로 정하기
    아니면
        전구연결 ▼ 을(를) 0 로 정하기

    만약 회로완성 = 1 라면
        만약 배터리파워 > 30 라면
            모양을 배터리30이상 ▼ (으)로 바꾸기
        아니면
            모양을 배터리30미만 ▼ (으)로 바꾸기
    아니면
        모양을 꺼짐 ▼ (으)로 바꾸기
```

전구가 [전구소켓]에 연결되면 [전구연결] 변수 값을 수정합니다.

회로완성 = 1 는 전기회로가 완성됐음을 의미합니다.

전기회로가 완성되지 않은 경우 [꺼짐] 상태로 바꿉니다.

Battery
배터리

10단계 _ 배터리가 배터리소켓과 충돌하면 '배터리연결' 변수를 1로 설정합니다. 만약 배터리가 충전기
와 충돌하면 '배터리파워' 변수 값을 2만큼 증가시키고 1초를 기다리게 합니다.

```
클릭했을 때
x: -184 y: -95 로 이동하기
무한 반복하기
    만약  배터리소켓 ▼ 에 닿았는가?  라면
        배터리소켓 ▼ 위치로 이동하기
        배터리연결 ▼ 을(를) 1 로 정하기
    아니면
        배터리연결 ▼ 을(를) 0 로 정하기

    만약  충전기 ▼ 에 닿는가?  라면
        충전기 ▼ 위치로 이동하기
        충전기연결 ▼ 을(를) 1 로 정하기
        배터리파워 ▼ 을(를) 2 만큼 바꾸기
        1 초 기다리기
    아니면
        충전기연결 ▼ 을(를) 0 로 정하기
```

화면 위쪽의 노란색 리믹스 버튼을 눌러 내가 만든 작품을
저장합니다.

더 나아가기

1 _ 현재의 전기회로는 배터리 1개와 전구 1개로 구성돼 있습니다. 배터리와 전구를 각각 1개씩 더 추가하는 전기회로를 완성해 봅니다. 이때 전기회로는 직렬로 연결합니다.

힌트: 배터리 2개와 전구 1개가 연결될 경우 전구의 밝기가 더 밝게 합니다.

2 _ 배터리 2개, 전구 1개를 직렬과 병렬로 연결하는 시뮬레이션을 만들어 봅니다.

힌트 1: 배터리를 직렬로 연결할 경우 전구의 밝기가 밝지만 배터리의 수명이 빨리 줄어들게 한다.

힌트 2: 배터리를 병렬로 연결할 경우 전구의 밝기는 배터리 1개를 연결할 때와 동일하지만 수명은 훨씬 느리게 줄어들게 한다.

3부에서는 스크래치를 이용해 재미있는 게임을 만들고 직접 즐기는 내용을 다루겠습니다.

머리를 쏙~ 내미는 귀여운 두더지를 있는 힘껏 내리쳐서 잡는 Catch Gobo 게임, 여러분을

방해하는 박쥐를 피해서 재빨리 목적지까지 가야 하는 미로 게임, 제한시간 내에 자동차를 키

보드로 조작해 결승선에 도착해야 다음 단계로 넘어갈 수 있는 자동차 경주게임, 두 명 이상

의 친구와 함께 상대편을 공격하고 골을 막는 공 막기 게임 등으로 재미있는 게임을 스크래치

로 직접 만들고 재미있게 즐길 수 있습니다.

그럼 지금부터 신나는 스크래치 게임 속으로 빠져 봅시다. 렛츠 고~!

01 별을 찾아서!

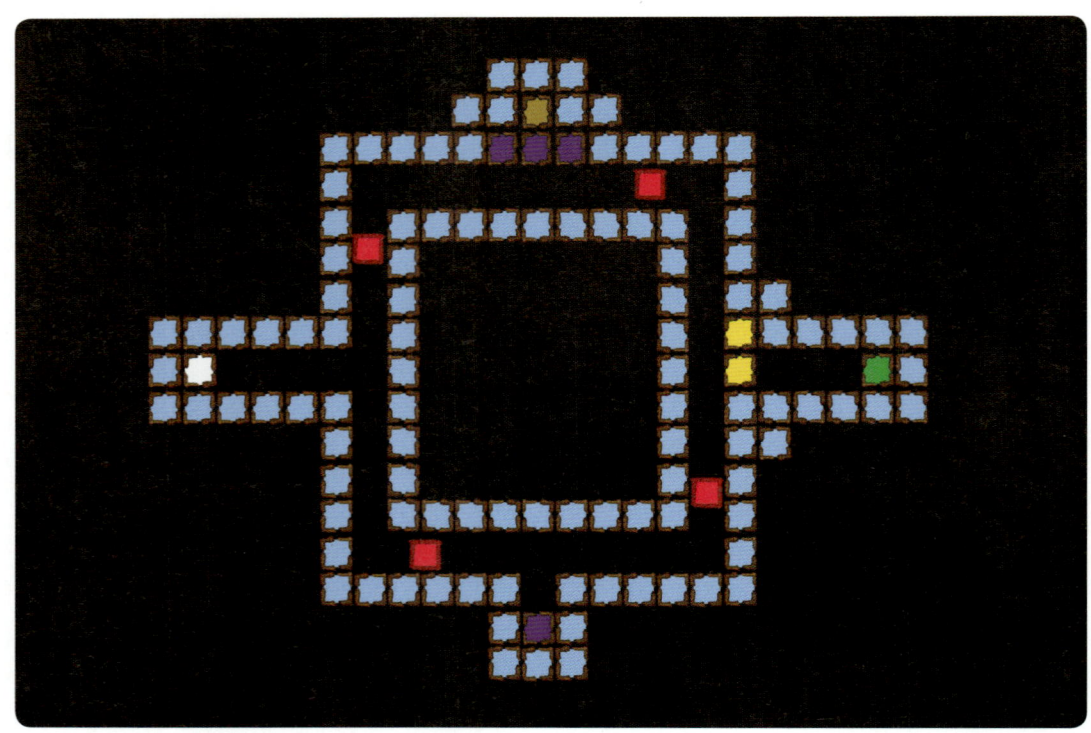

이 게임을 본 적이 있나요?

하얀색 점이 '나'입니다. '나'는 미로 건너편에 있는 녹색 점까지 가야 다음 단계로 나갈 수 있

습니다. 하지만 가는 길 곳곳에 빨간색 점들이 움직이며 나를 방해합니다. 빨간색 점들과 부

딪히면 나는 목숨을 잃게 됩니다. 정확한 길을 찾아 미로를 빠져나가되 방해 세력인 빨간색

점과 부딪히지 않도록 재빨리 목적지까지 가야 합니다.

이번 장에서 만들어 볼 게임은 바로 미로 형태의 게임입니다. 목적지인 별까지 가야 승리하는

게임으로, 미로 곳곳에 여러분을 방해하는 박쥐가 있습니다. 박쥐를 피하되, 벽에 부딪히거나

미로 선에 부딪혀도 생명이 줄어듭니다.

자, 그럼 신나는 게임의 세계로 빠져볼까요?

바로
이 장면!

Gobo가 박쥐의 방해를 피하면서 미로를 통과해 목적지인

별이 있는 곳까지 도착하면 게임에서 승리합니다.

이 장면을 스크래치로 표현해보겠습니다.

완성 프로젝트 살펴보기

ezncode의 [3장. 게임으로 배우는 스크래치] 스튜디오의 '1. 별을 찾아서(완성)' 프로젝트를 열어  버튼을 눌러 보세요.

키보드의 화살표를 이용해 고보를 움직일 수 있습니다.

박쥐들을 피해 미로를 따라 별이 있는 곳까지 도착하면 게임에서 승리합니다.

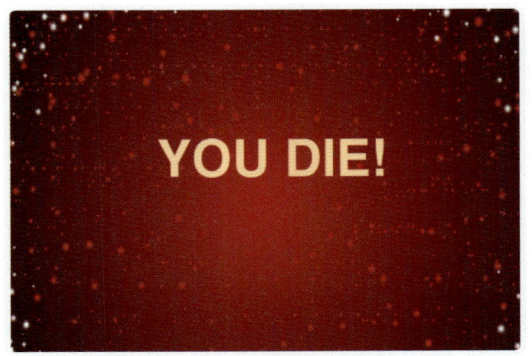

박쥐에 잡히거나 벽에 부딪히거나 미로 선에 닿을 경우 최초 생명 수치인 5에서 1씩 줄어듭니다.

책의 15~21쪽에 ezncode의 스튜디오를 살펴보는 자세한 방법이 나와있습니다.

프로젝트 알고리즘

등장 스프라이트

Gobo   박쥐   박쥐 집   별(목적지)

프로젝트 설계도

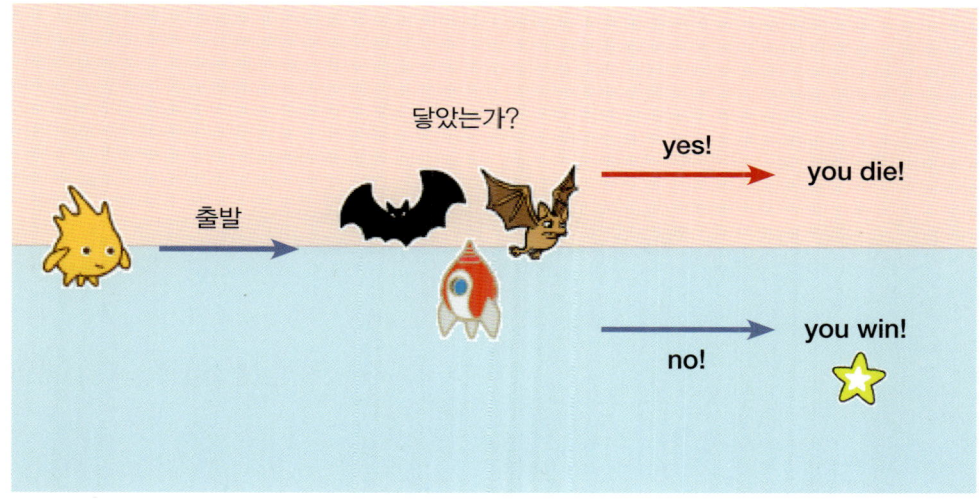

- 게임이 시작되면 키보드의 화살표로 Gobo를 움직입니다.

- 박쥐나 박쥐 집, 벽, 미로 선 등에 닿지 않고 별이 있는 곳까지 도착하면 게임에서 이깁니다.

스크래치 코딩

연산의 중첩 알아보기

연산의 중첩은 연산 안에 연산을 넣는 것을 말합니다.

1_ 만약 **스페이스바를 눌렀거나 마우스를 클릭했을 경우** 모두 게임 오버가 되게 하려면

`또는` 블록을 이용해 `스페이스 ▼ 키를 눌렀는가? 또는 마우스를 클릭했는가?` 와 같이 블록

안에 블록을 조립해야겠죠?

스페이스바만 누르거나 마우스만 눌러도 게임이 끝납니다.

2_ 그리고 **박쥐에도 닿고 파란색에 닿을 경우** 게임 오버가 되게 하려면 블록

`그리고` 를 이용해 `박쥐1 ▼ 에 닿았는가? 그리고 ■ 색에 닿았는가?` 와 같이 블록 안에

블록을 조립해야 합니다.

박쥐에도 닿고 파란색에 닿았을 경우에만 게임 오버입니다.

3_ 중첩을 여러 번 할 수도 있습니다.

`▼ 에 닿았는가? 그리고 ■ 색에 닿았는가? 그리고 ■ 색에 닿았는가?`

`▼ 에 닿았는가? 그리고 마우스를 클릭했는가? 또는 스페이스 ▼ 키를 눌렀는가?`

프로젝트 만들기

1단계 _ 스튜디오에서 '별을 찾아서(미완성)' 프로젝트를 불러옵니다.

start

```
클릭했을 때
x: -20 y: 0 이동하기
보이기
3 초 기다리기
숨기기
시작 ▼ 방송하기
```

2단계 _ 게임이 시작하는 것을 알리는 스프라이트로서 첫 화면 중앙에 위치하고 시작 방송을 하도록 왼쪽 그림처럼 블록을 연결합니다.

```
클릭했을 때
무한 반복하기
  만약 오른쪽 화살표 ▼ 키를 눌렀는가? 라면
    5 만큼 움직이기
  만약 왼쪽 화살표 ▼ 키를 눌렀는가? 라면
    -5 만큼 움직이기
  만약 아래쪽 화살표 ▼ 키를 눌렀는가? 라면
    y좌표를 -5 만큼 바꾸기
  만약 위쪽 화살표 ▼ 키를 눌렀는가? 라면
    y좌표를 5 만큼 바꾸기
```

3단계 _ 키보드의 화살표로 고보를 움직이기 위해 각 화살표 키가 눌러졌을 때의 움직임 블록을 왼쪽 그림과 같이 연결합니다.

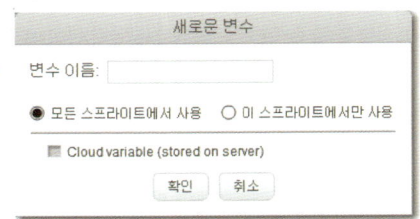

4단계 _ Gobo의 생명 변수를 만들기 위해 변수 만들기
를 클릭한 후 변수 이름을 HP라고 지정합니다.

그리고 왼쪽 그림과 같이 블록을 연결해 변수
의 초깃값을 5로 지정하고 숨겨지게 합니다.

또한 시작을 받았을 때 화면에 보이도록 왼쪽
그림과 같이 블록을 연결합니다.

5단계 _ Gobo 스프라이트에 벽, 박쥐1, 2(■), 박쥐3, 미로선(▅), 박쥐집에 닿았을 때 생명이 1만큼 줄어
들고, 다시 제자리로 돌아오도록 아래 그림처럼 블록을 연결합니다.

```
클릭했을 때
무한 반복하기
  만약       라면
    HP ▼ 을(를) -1 만큼 바꾸기
    x: -200 y: -150 로 이동하기
```

`만약      라면` 속에는 위 조건을 아래와 같이 넣어줍니다.

`벽 ▼ 에 닿았는가?` 또는 `■ 색에 닿았는가?` 또는 `박쥐3 ▼ 에 닿았는가?` 또는 `▅ 색에 닿았는가?` 또는 `박쥐집 ▼ 에 닿았는가?`

```
클릭했을 때
무한 반복하기
  만약  HP = 0  라면
    배경을 sparkling2 (으)로 바꾸기
    stop 방송하기
    숨기기
    HP 변수 숨기기
  아니면
    만약  별 에 당았는가?  라면
      배경을 sparkling3 (으)로 바꾸기
      stop 방송하기
      HP 변수 숨기기
```

6단계 _ Gobo의 생명이 0이 되면 'YOU DIE' 배경으로
바꾸고, 목적지인 별까지 잘 도착했을 때 'YOU
WIN' 배경으로 바뀌면서 모든 스프라이트를
멈출 STOP 방송 등을 위해 왼쪽 그림과 같이
블록을 연결합니다.

```
stop 을(를) 받았을 때
숨기기
모든 소리 끄기
```

7단계 _ stop을 받았을 때 Gobo가 사라지면서 모든 배
경 음악을 끕니다.

```
클릭했을 때        stop 을(를) 받았을 때
숨기기              숨기기

시작 을(를) 받았을 때
보이기
무한 반복하기
  1.5 초 동안 x: 120 y: 70 으로 움직이기
  1 초 동안 x: -70 y: 70 으로 움직이기
```

8단계 _ 박쥐1은 별 근처에서 Gobo를 방해하는 스프라
이트로서 게임이 시작되면 나타나 별 근처에서
왔다 갔다 하는 움직임을 반복하고, STOP을 받
았을 때 사라집니다.

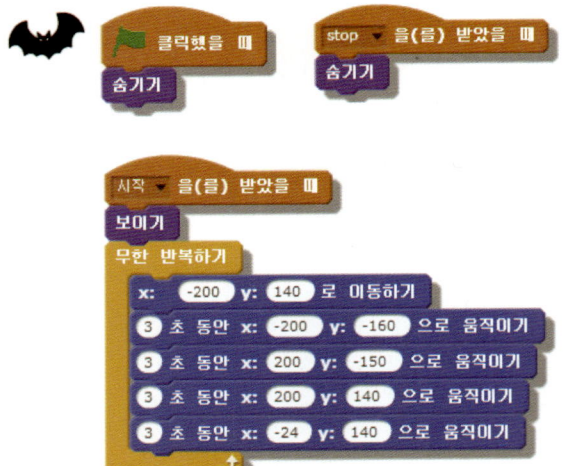

9단계 _ 박쥐2는 미로 가장자리를 한 바퀴씩 계속해서 돌도록 왼쪽 그림처럼 각 위치 값을 지정합니다.

10단계 _ 박쥐3은 처음에 숨어 있다가 시작을 받았을 때 나타납니다. 박쥐3은 별이 있는 미로 입구 쪽에서 왔다 갔다 하며 Gobo를 방해하는 스프라이트로, 박쥐1 블록 연결과 동일합니다. 위치 값과 시간만 왼쪽과 같이 입력합니다.

11단계 _ 박쥐집은 박쥐2가 나오는 장소로, 시작을 받았을 때 보였다가 stop을 받았을 때 숨기기만 하면 됩니다.

시작 ▼ 을(를) 받았을 때
만약　Gobo ▼ 에 닿았는가? 라면
　숨기기

🚩 클릭했을 때
숨기기

시작 ▼ 을(를) 받았을 때
보이기

stop ▼ 을(를) 받았을 때
숨기기

12단계 _ 별은 Gobo가 도착했을 때 사라지기만 하면 되며, 나머지는 박쥐 집과 동일하게 블록을 연결하면 됩니다.

화면 위쪽의 노란색 리믹스 버튼을 눌러 내가 만든 작품을 저장합니다.

더 나아가기

별을 찾아서 게임의 난이도를 높일 수 있는 방법에는 무엇이 있을까요? 방해하는 스프라이트를 추가하거나 박쥐 등의 이동 속도를 높이면 되지 않을까요? 자, 그럼 미로 찾기 게임의 난이도를 높여 스크래치로 표현해 봅시다. 아래의 블록을 사용해 보세요.

동작 :
　1.5 초 동안 x: 120 y: 70 으로 움직이기
　1 초 동안 x: -70 y: 70 으로 움직이기

이 블록은 스프라이트의 이동 속도를 조절해 줍니다.

02 공 막기 게임

이 게임을 본 적이 있나요? 상대편의 공은 막아야 하고, 상대편의 골대에 공을 넣으면 점수를 획득하는 게임입니다. 혼자보다는 두 명 이상이 함께 어울려 상대편을 공격하고 막는 게임이지요.

이번에 만들어 볼 게임은 바로 공 막기 게임입니다. 골키퍼는 없지만 공을 막을 수 있는 '바(bar)'를 팀 선수로 사용해 공을 막아내면 됩니다.

자, 그럼 신나는 게임의 세계로 빠져볼까요?

바로
이장면!

날아오는 공을 막아내면 됩니다. 공을 막지 못한다면 상대편의 점수가 올라가게 됩니다. 이 장면을 스크래치로 표현해보겠습니다.

완성 프로젝트 살펴보기

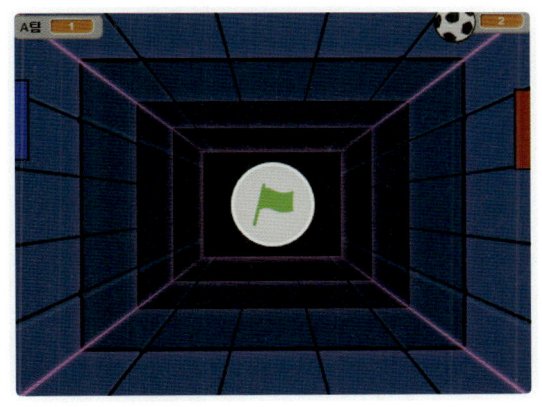

eznecode의 [3장. 게임으로 배우는 스크래치] 스튜디오의 '2. 공 막기 게임(완성)' 프로젝트를 열어 🚩 버튼을 눌러 보세요.

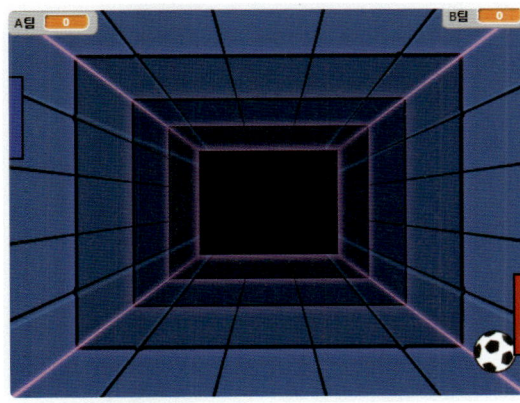

A팀은 키보드의 A, S키로 위, 아래로 움직일 수 있습니다. B팀은 키보드의 B, N키로 움직여 공을 막아냅니다.

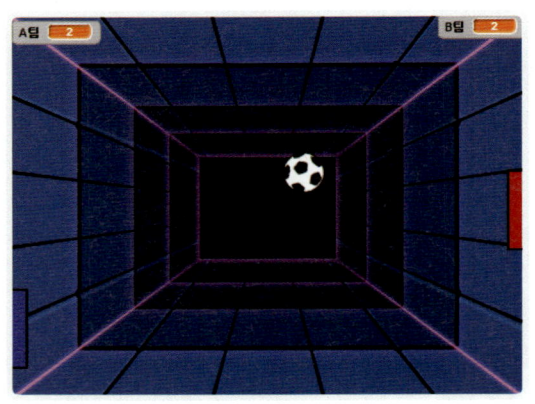

공을 잘 막아낸 팀의 점수가 올라가며 승리하게 됩니다.

책의 15~21쪽에 ezncode의 스튜디오를 살펴보는 자세한 방법이 나와있습니다.

프로젝트 알고리즘

등장 스프라이트

A팀   B팀   축구공

프로젝트 설계도

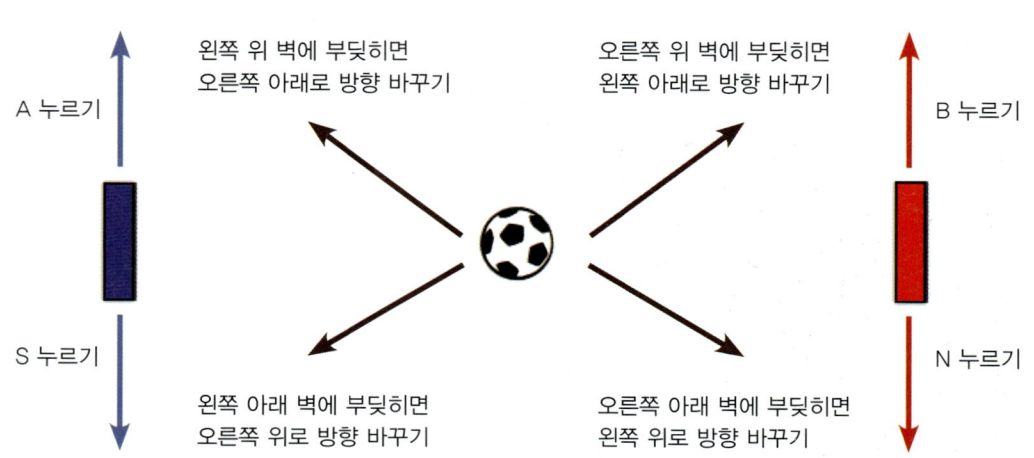

A 누르기

왼쪽 위 벽에 부딪히면
오른쪽 아래로 방향 바꾸기

오른쪽 위 벽에 부딪히면
왼쪽 아래로 방향 바꾸기

B 누르기

S 누르기

왼쪽 아래 벽에 부딪히면
오른쪽 위로 방향 바꾸기

오른쪽 아래 벽에 부딪히면
왼쪽 위로 방향 바꾸기

N 누르기

- 게임이 시작되면 키보드의 화살표로 Gobo를 움직입니다.

- 박쥐나 박쥐 집, 벽, 미로 선 등에 닿지 않고 별이 있는 곳까지 도착하면 게임에서 이깁니다.

스크래치 코딩

내가 원하는 스프라이트 그리기

내가 원하는 스프라이트를 추가하기 위해 그림판에서 그림을 직접 그릴 수 있습니다. 먼저 필요하지 않은 스프라이트는 모양으로 가서 삭제합니다.

공 막기 게임에서는 공을 막을 바가 필요하므로 그림판 도구를 활용해 아래와 같이 그리고 색을 넣을 수 있습니다.

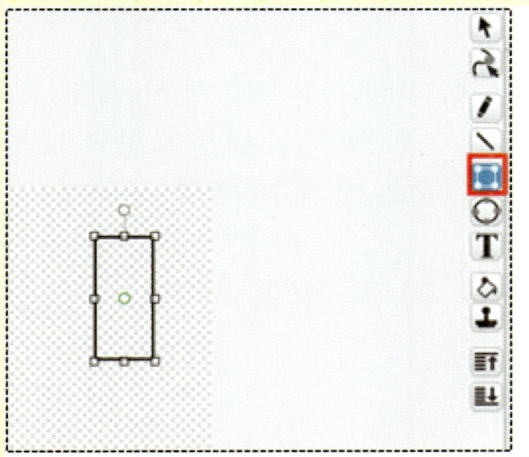
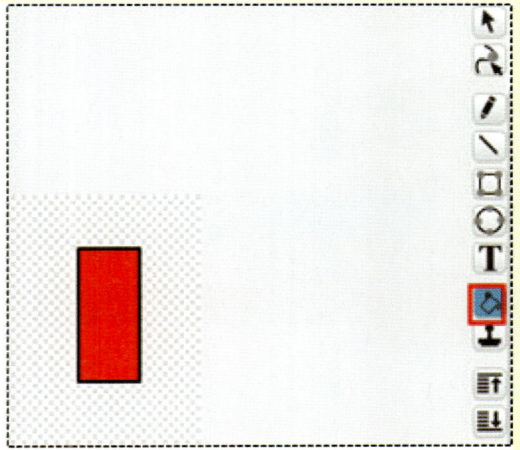

프로젝트 만들기

1단계 _ 스튜디오에서 '공 막기 게임(미완성)' 프로젝트를 불러옵니다.

2단계 _ 게임이 시작하고, A팀의 막대에 축구공이 닿았을 때 공 막기를 방송하도록 아래 그림과 같이 블록을 연결합니다.

3단계 _ A팀이 골을 막을 때 사용할 바에 위아래로 움직이는 키를 왼쪽 그림과 같이 지정하고 블록을 연결합니다.

4단계 _ A팀과 마찬가지로 게임이 시작하고, B팀의 막대에 축구공이 닿았을 때 공 막기를 방송하도록 아래 그림과 같이 블록을 연결합니다.

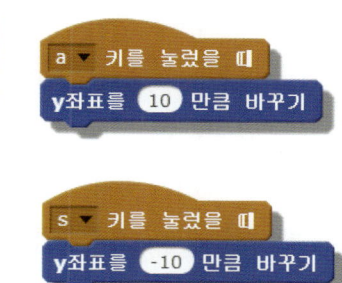

5단계 _ B팀이 골을 막을 때 사용할 바에 위아래로
움직이는 키를 왼쪽 그림과 같이 지정하고
블록을 연결합니다.

6단계 _ 게임을 시작했을 때 공의 방향이 x,y=(2,2) 방향
을 향하게 하고, 두 팀의 점수 값이 모두 0으로
초기화되도록 먼저 변수를 만듭니다.

데이터 의 변수 만들기를 이용해 A팀과
B팀, 공의 X값(가로)을 나타내는 공X와 공의
Y값(세로)을 나타내는 공Y 변수를 각각 만듭
니다.

그리고 이벤트 의 클릭했을 때 에
데이터 의 각 변수 값을 넣어 연결합니다.

6단계 _ 축구공의 진행 방향을 좌표에 반영하기 위해 X 좌표와 Y좌표에 공 X, Y의 변수 값을 넣고, 공이 위쪽 벽(Y좌표 180을 기준으로)에 부딪혔을 때 공의 방향을 아래쪽으로 변경하기 위해 왼쪽 그림과 같이 Y좌표가 180보다 클 때 공의 방향을 아래 방향으로(−2) 바뀌도록 지정합니다.

마찬가지로 공이 아래쪽 벽(Y좌표 180을 기준으로)에 부딪혔을 때도 공의 방향이 바뀌게 합니다.

7단계 _ 이번에는 축구공이 오른쪽 또는 왼쪽 벽과 부딪혔을 때 상대편의 점수를 1점 올리고, 공이 다시 제자리로 돌아오게 해야 합니다.

이를 위해 축구공이 오른쪽 벽(X좌표 240을 기준으로)에 부딪혔을 때 제자리에 돌아오고 (X,Y=0,0), 공의 방향을 왼쪽 위(−2,2)로 오게 하며, 상대편의 점수를 1점 올려주기 위해 왼쪽 그림과 같이 블록을 연결합니다.

8단계 _ A팀과 B팀의 바에 각각 공이 맞았을 때 받는 공
막기 방송하기 신호에 따라 공의 진행 방향을
왼쪽 그림처럼 반대로 바꿉니다.

화면 위쪽의 노란색 리믹스 버튼을 눌러 내가 만든
작품을 저장합니다.

더 나아가기

공 막기 게임의 난이도를 높일 수 있는 방법에는 두엇이 있을까요? 바로 공의 개수를 늘리는 방법과 공
의 속도를 높이는 방법이 있을 수 있습니다. 그럼 먼저 공의 개수를 늘려 봅시다.

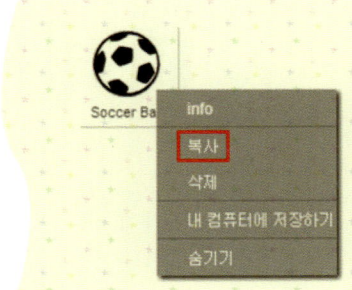

공 스프라이트로 가서 마우스 오른쪽 버튼을 클릭하면 내가
원하는 동일한 스프라이트를 복사해서 얼마든지 얻을 수 있
습니다.

이번에는 공의 속도를 높여 보세요.

속도에 변화를 주기 위해 속도 변수를 만들어 응용해 보세요.

03 Gobo를 잡아라!

이 게임을 본 적이 있나요? 이 게임은 숨어 있다가 누가 왔는지 잠깐 보려고 머리를 쏙~ 내

미는 두더지를 있는 힘껏 내리쳐서 잡는 게임입니다. 두더지는 언제 어디에서 나올지 모릅니

다. 그리고 잠깐 나왔다가 들어가기 때문에 빨리 잡아야 하죠.

이번에 만들 게임은 바로 Gobo를 잡는 두더지 잡기 형태의 게임입니다. 잠깐잠깐 나오는

Gobo를 많이 잡는 사람이 게임에서 승리합니다.

자, 그럼 신나는 게임의 세계로 빠져볼까요?

바로
이 장면!

화면에 잠깐 나타나고 사라지는 Gobo를 마우스로 클릭하면 점수가 올라갑니다. 이 장면을 스크래치로 표현해보겠습니다.

완성 프로젝트 살펴보기

eztncode의 [3장. 게임으로 배우는 스크래치] 스튜디오의 '3. Gobo를 잡아라(완성)' 프로젝트를 열어 ⚑ 버튼을 눌러 보세요.

30초의 시간이 주어지고 Gobo 6마리가 나타났다 사라졌다를 반복합니다.

Gobo를 클릭해 보세요. Gobo의 색깔이 변하면서 pop 소리와 함께 점수가 올라갑니다.

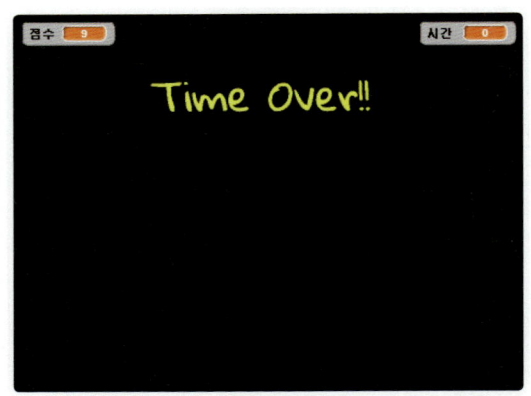

30초가 다 되면 Time Over 화면이 나오며 프로젝트가 멈춥니다.

책의 15~21쪽에 ezncode의 스튜디오를 살펴보는 자세한 방법이 나와있습니다.

프로젝트 알고리즘

등장 스프라이트

Gobo

프로젝트 설계도

- Gobo를 클릭하면 점수가 올라가면서 사라집니다. 이후 일정한 시간 후에 다시 나타납니다.

- Gobo를 클릭하지 않으면 저절로 사라지며, 일정한 시간 후에 다시 나타납니다.

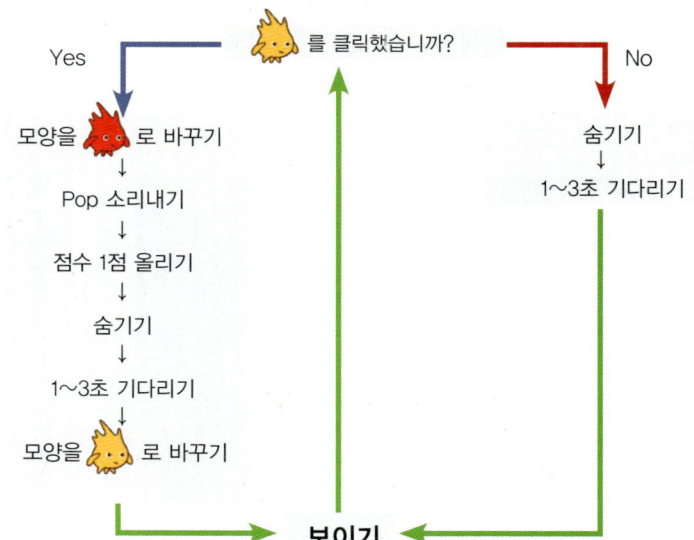

를 클릭했습니까?

Yes → 모양을  로 바꾸기
↓
Pop 소리내기
↓
점수 1점 올리기
↓
숨기기
↓
1~3초 기다리기
↓
모양을 로 바꾸기

No → 숨기기
↓
1~3초 기다리기

보이기

스크래치 코딩

스프라이트와 스프라이트 내부의 블록을 복사하는 방법을 알아보겠습니다. 이 방법을 이용하면 비슷한
스프라이트를 손쉽게 만들 수 있습니다.

스프라이트 복사하기

1 _ 복사하고자 하는 스프라이트를 클릭하고 마우스 오른쪽 버튼
을 클릭합니다.

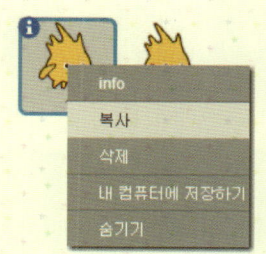

2 _ 다음과 같이 스프라이트가 복사된 것을 알 수 있습니다.

3 _ 스프라이트를 복사하면 스프라이트 내부의 블록 또한 복사됩
니다.

블록 복사하기

1 _ 복사하고자 하는 블록을 클릭하고 마우스 오른쪽 버튼을 클릭
합니다.

2 _ 복사된 블록을 넣고자 하는 스프라이트 위로 가져온 후 클릭
합니다.

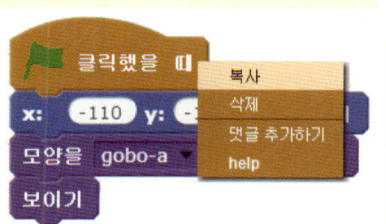

프로젝트 만들기

1단계 _ 스튜디오에서 'Gobo를 잡아라(미완성)' 프로젝트를 불러옵니다.

2단계 _ Gobo의 처음 위치를 설정해주기 위해 왼쪽과 같이 블록을 연결합니다.

지금 만들고 있는 Gobo는 왼쪽 상단에 있는 구멍에서 나타납니다.

다른 구멍에서 나오는 Gobo의 처음 위치는 각각 다르겠죠?

3단계 _ 2~4초 사이에 Gobo를 클릭했는지 알아보기 위해 조건 부분에 연산 의 블록을 연결합니다. 2초~4초 사이에 연산 블록 내부에 1 부터 10 사이의 난수 블록과 타이머 블록을 넣습니다.

만약 ❨ 2 부터 4 사이의 난수 ❩ < 타이머 라면
　숨기기
　❨ 1 부터 3 사이의 난수 ❩ 초 기다리기
　타이머 초기화
아니면

4단계 _ 조건이 참이라면 Gobo를 숨기고, 일정 시간을 기다립니다. 그 후 타이머를 초기화합니다. 만약 타이머를 초기화하지 않으면 어떻게 될까요?

❨ 마우스 포인터 ▼ 에 닿았는가? ❩ 그리고 ❨ 마우스를 클릭했는가? ❩

만약 ❨ 2 부터 4 사이의 난수 ❩ < 타이머 라면
　숨기기
　❨ 1 부터 3 사이의 난수 ❩ 초 기다리기
　타이머 초기화
아니면
　만약 ❨ 마우스 포인터 ▼ 에 닿았는가? ❩ 그리고 ❨ 마우스를 클릭했는가? ❩ 라면

5단계 _ Gobo에 마우스를 대고 클릭했을 때를 알아봅시다.

모양을 gobo-a2 ▼ (으)로 바꾸기
pop ▼ 소리내기
점수 ▼ 을(를) 1 만큼 바꾸기
0.1 초 기다리기
숨기기
❨ 1 부터 3 사이의 난수 ❩ 초 기다리기

6단계 _ Gobo를 클릭했을 때 Gobo의 모양을 (gobo-a2)로 바꾸고, pop 소리를 내며, 점수 변수를 1만큼 올리고 숨깁니다. 그런 다음 1~3초를 기다립니다.

만약 ⟨ 2 부터 4 사이의 난수 < 타이머 ⟩ 라면
  숨기기
  1 부터 3 사이의 난수 초 기다리기
  타이머 초기화
아니면
  만약 ⟨ 마우스 포인터 ▾ 에 닿았는가? 그리고 마우스를 클릭했는가? ⟩ 라면
    모양을 gobo-a2 ▾ (으)로 바꾸기
    pop ▾ 소리내기
    점수 ▾ 을(를) 1 만큼 바꾸기
    0.1 초 기다리기
    숨기기
    1 부터 3 사이의 난수 초 기다리기

7단계 _ 지금까지 작성한 블록을 왼쪽과 같이 연결합니다.

모양을 gobo-a ▾ (으)로 바꾸기
보이기

무한 반복하기

8단계 _ 지금까지 작성한 블록에 왼쪽 블록을 추가해 아래와 같이 연결합니다.

클릭했을 때
x: -110 y: -10 이동하기
모양을 gobo-a ▾ (으)로 바꾸기
보이기
무한 반복하기
  만약 ⟨ 2 부터 4 사이의 난수 < 타이머 ⟩ 라면
    숨기기
    1 부터 3 사이의 난수 초 기다리기
    타이머 초기화
  아니면
    만약 ⟨ 마우스 포인터 ▾ 에 닿았는가? 그리고 마우스를 클릭했는가? ⟩ 라면
      모양을 gobo-a2 ▾ (으)로 바꾸기
      pop ▾ 소리내기
      점수 ▾ 을(를) 1 만큼 바꾸기
      0.1 초 기다리기
      숨기기
      1 부터 3 사이의 난수 초 기다리기
  모양을 gobo-a ▾ (으)로 바꾸기
  보이기

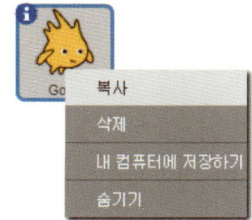

9단계 _ Gobo1을 여섯 번 복사합니다.

10단계 _ 각 Gobo 좌표를 아래와 같이 설정합니다.

	X 좌표	Y 좌표
Gobo1	−110	−10
Gobo2	0	−10
Gobo3	110	−10
Gobo4	−110	−70
Gobo5	0	−70
Gobo6	110	−70

11단계 _ 이제 무대를 꾸며 봅시다. 처음 배경을 설정하고, 점수와 시간의 처음 값을 정해줍니다.

무대

```
1 초 기다리기
시간 ▼ 을(를) -1 만큼 바꾸기
```

12단계 _ 30초의 시간을 주기 위해 1초에 시간 변수가 1
씩 줄어들게 합니다.

무대

```
만약   시간 = 0   라면
  배경을 Time over ▼ (으)로 바꾸기
  모두 ▼ 멈추기
```

13단계 _ 만약 시간이 '0'이라면 배경을 'Time over'로 변
경하고 모두 멈추게 합니다.

무대

```
클릭했을 때
배경을 Catch Gobo ▼ (으)로 바꾸기
점수 ▼ 을(를) 0 로 정하기
시간 ▼ 을(를) 0 로 정하기
시간 ▼ 을(를) 30 만큼 바꾸기
무한 반복하기
  1 초 기다리기
  시간 ▼ 을(를) -1 만큼 바꾸기
  만약   시간 = 0   라면
    배경을 Time over ▼ (으)로 바꾸기
    모두 ▼ 멈추기
```

14단계 _ 아래와 같이 블록을 모두 연결합니다.

화면 위쪽의 노란색 리믹스 버튼을 눌러 내가 만든
작품을 저장합니다.

더 나아가기

마우스 클릭이 아니라 직접 손으로 Gobo를 잡을 수 없을까요?

관찰 : `video 동작 ▼ on 이 스프라이트 ▼`

이 블록은 화면의 움직임을 관찰해 움직임의 정도를 값으로 알려주는 역할을 합니다.

`30 < 비디오 동작 ▼ 에 대한 이 스프라이트 ▼ 에서의 관찰값`

비디오 동작 값이 30보다 클 경우입니다. 이때 Gobo가 사라집니다.

```
클릭했을 때
x: -110 y: -10 이동하기
모양을 gobo-a ▼ (으)로 바꾸기
보이기
무한 반복하기
    만약 2 부터 4 사이의 난수 < 타이머 라면
        숨기기
        1 부터 3 사이의 난수 초 기다리기
        타이머 초기화
    아니면
        만약 30 < 비디오 동작 ▼ 에 대한 이 스프라이트 ▼ 에서의 관찰값 라면
            모양을 gobo-a2 ▼ (으)로 바꾸기
            pop ▼ 소리내기
            점수 ▼ 을(를) 1 만큼 바꾸기
            0.1 초 기다리기
            숨기기
            1 부터 3 사이의 난수 초 기다리기
    모양을 gobo-a ▼ (으)로 바꾸기
    보이기
```

04 신나는 자동차 경주

자동차 레이싱 경기를 본 적이 있나요? 폭발적인 엔진 소리, 무서운 스피드, 열광하는 관중들… 한번쯤은 영화에서 본 듯한 장면이죠? 바로 모터스포츠, 자동차 레이싱 경기장 모습인데요, 이번 장에서는 바로 스크래치를 이용해 키보드로 움직이는 자동차 경주 게임을 만들어 보겠습니다.

키보드의 좌우 방향키를 이용해 자동차를 운전하고, 상하 방향키를 이용해 속도를 조절할 수 있습니다. 자동차 경주 도중 자동차가 도로를 벗어나면 충돌 모양으로 바뀌게 됩니다. 이 게임에서는 제한시간 내에 자동차가 결승선에 도착해야 다음 단계로 넘어갈 수 있습니다.

그럼 지금부터 상상 그 이상의 신나는 게임이 펼쳐집니다. 레디~고!

바로
이 장면!

키보드로 움직이는 자동차를 이용해 게임을 할 수 있습니다. 자동차 게임을 스크래치로 표현해보겠습니다.

완성 프로젝트 살펴보기

ezncode의 [3장. 게임으로 배우는 스크래치] 스튜디오의 '4. 신나는 자동차 경주(완성)' 프로젝트를 열어 🚩 버튼을 눌러 보세요.

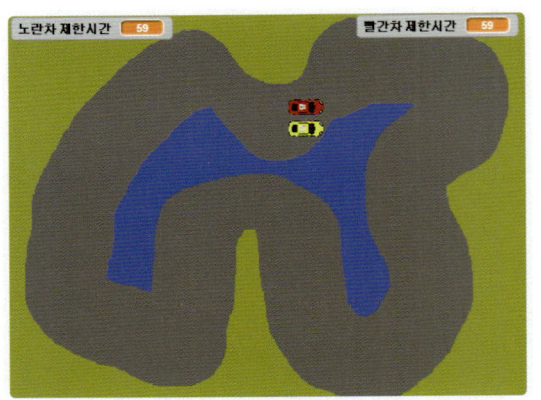

숫자 키 1, 2, 3, 4 중 하나를 선택하면 경기장이 바뀌면서 경주가 시작됩니다.

왼쪽은 숫자 3을 클릭했을 때의 경기장 모습입니다.

경주 도중 자동차가 도로를 벗어나면 충돌 모양으로 바뀌게 됩니다. 그리고 2초 후 자동차는 원래 모습으로 복구됩니다.

가끔씩 주유소를 만나게 되면 제한시간을 늘릴 수 있습니다.

책의 15~21쪽에 eznode의 스튜디오를 살펴보는 자세한 방법이 나와있습니다.

프로젝트 알고리즘

등장 스프라이트

| 빨간차 | 사고차 | 노란차 | 결승선 | 주유소 |

프로젝트 설계도

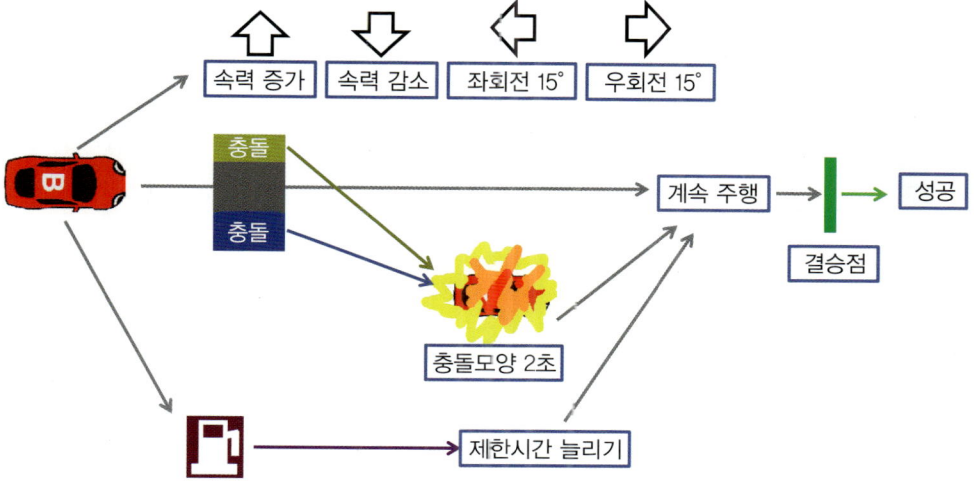

- 숫자 키 1, 2, 3, 4 중 하나를 선택해 경기장 배경을 결정합니다.

- 좌, 우 방향키를 이용해 자동차를 회전할 수 있습니다.

- 상, 하 방향키를 이용해 자동차 속도를 제어할 수 있습니다.

- 주행 도중 도로를 벗어나면(파란색이나 연두색과 충돌) 2초 후 다시 출발할 수 있습니다.

- 주유소 아이콘을 만나게 되면 제한시간이 늘어납니다.

- 점수는 제한시간 * 2로 정합니다. 즉, 제한시간이 많이 남아 있으면 점수가 높습니다.

스크래치 코딩

충돌상황 만들기

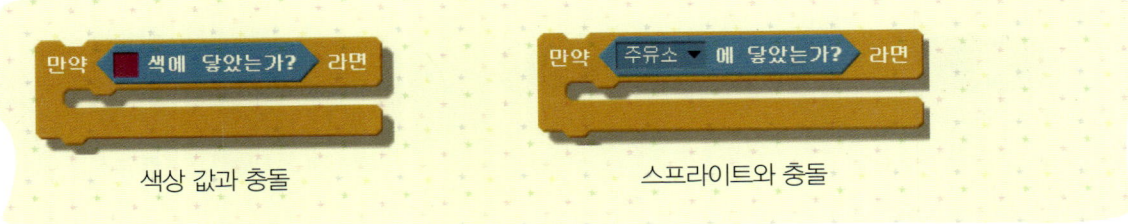

색상 값과 충돌   스프라이트와 충돌

방향키로 제어하기

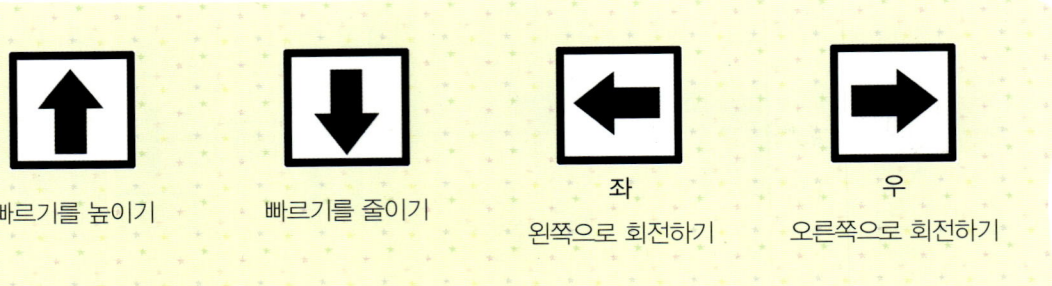

빠르기를 높이기   빠르기를 줄이기   좌   우
                                     왼쪽으로 회전하기   오른쪽으로 회전하기

프로젝트 만들기

1단계 _ 스튜디오에서 '신나는 자동차 경주(미완성)' 프로젝트를 불러옵니다.

2단계 _ 자동차 경주 배경을 설정합니다. 첫 번째 배경을 기본으로 설정해 놓고 키보드 버튼에 따라 배경이 바뀌고 경주의 시작을 알리는 'Start'를 방송하게 합니다.

```
클릭했을 때
Background ▼ 을(를) 1 로 정하기
```

```
1 ▼ 키를 눌렀을 때
배경을 1코스 ▼ (으)로 바꾸기
start ▼ 방송하기
```

```
2 ▼ 키를 눌렀을 때
배경을 2코스 ▼ (으)로 바꾸기
start ▼ 방송하기
```

```
3 ▼ 키를 눌렀을 때
배경을 3코스 ▼ (으)로 바꾸기
start ▼ 방송하기
```

```
4 ▼ 키를 눌렀을 때
배경을 4코스 ▼ (으)로 바꾸기
start ▼ 방송하기
```

3단계 _ 경주를 마친 후 각 자동차의 점수를 계산하기 위해 아래와 같이 제한시간을 정하고 줄어드는 스크립트를 입력합니다.

```
start ▼ 을(를) 받았을 때
빨간차 제한시간 ▼ 을(를) 60 로 정하기
60 번 반복하기
    빨간차 제한시간 ▼ 을(를) -1 만큼 바꾸기
    1 초 기다리기
모두 ▼ 멈추기
```

```
start ▼ 을(를) 받았을 때
노란차 제한시간 ▼ 을(를) 60 로 정하기
60 번 반복하기
    노란차 제한시간 ▼ 을(를) -1 만큼 바꾸기
    1 초 기다리기
모두 ▼ 멈추기
```

4단계 _ 자동차 스프라이트의 좌, 우 방향키에 코드를 입력해 왼쪽, 오른쪽으로 회전할 수 있게 합니다. (노란차의 경우 A, D 버튼으로 대체합니다.)

```
왼쪽 화살표 ▼ 키를 눌렀을 때
  ↺ 15 도 돌기
```

```
오른쪽 화살표 ▼ 키를 눌렀을 때
  ↻ 15 도 돌기
```

5단계 _ 스프라이트의 상, 하 방향키에 자동차의 빠르기를 조절할 수 있게 스크립트를 입력합니다. (**노란 차의 경우 W, X 버튼으로 대체합니다.**)

```
위쪽 화살표 ▼ 키를 눌렀을 때
빠르기 ▼ 을(를) 1 만큼 바꾸기
```

```
아래쪽 화살표 ▼ 키를 눌렀을 때
만약  빠르기 > 1  라면
   빠르기 ▼ 을(를) -1 만큼 바꾸기
```

```
start ▼ 을(를) 받았을 때
speed ▼ 을(를) 1 로 정하기
x: 7 y: 90 로 이동하기
90 ▼ 도 방향 보기
모양을 정상 ▼ (으)로 바꾸기
```

6단계 _ 'start' 방송을 받으면 속도 1로 자동으로 주행되게 합니다. 그리고 왼쪽과 같이 좌표, 방향, 모양을 설정합니다. 단, 두 자동차가 겹치는 것을 방지하기 위해 의 좌표는 `x: 7 y: 70 로 이동하기`로 변경합니다.

7단계 _ 위 스크립트에 무한반복 블록을 연결하고 이후의 모든 코드를 안에 `무한 반복하기` 내부에 삽입합니다.

8단계 _ 키보드의 ⬆, ⬇에 의해 입력되는 speed 변수 값만큼 움직이게 하고, 주행도로 밖으로 나가면 (🟩 또는 🟦와 충돌할 경우) 사고차량으로 바꾸고, 2초 후 원래 차량의 모습으로 되돌아오게 합니다.

```
무한 반복하기
    speed 만큼 움직이기
    만약  🟦 색에 닿았는가?  또는  🟩 색에 닿았는가?  라면
        모양을 사고 (으)로 바꾸기
        speed 을(를) 0 로 정하기
        2 초 기다리기
        모양을 정상 (으)로 바꾸기
```

9단계 _ 먼저 결승선에 도착하면 'I Win!'이라고 말하고 점수는 제한시간*2로 정합니다. 그리고 모든 프로그램을 종료합니다. 자동차가 ⛽와 충돌하면 '제한시간'의 변수 값을 10만큼 늘립니다.

아래는 🚗의 스크립트로, 🚗의 경우 오른쪽의 두 블록을 변경해야 합니다.

```
만약  🟩 색에 닿았는가?  라면
    I Win! 말하기
    score 을(를)  빨간차 제한시간 * 2  로 정하기
    1 초 기다리기
    이 스크립트 멈추기
만약  주유소 에 닿았는가?  라면
    빨간차 제한시간 을(를) 10 만큼 바꾸기
```

```
노란차 제한시간 * 2
```

```
노란차 제한시간 을(를) 10 만큼 바꾸기
```

10단계 _ 지금까지 작성한 블록을 연결하면 아래와 같습니다.

```
start ▼ 을(를) 받았을 때
speed ▼ 을(를) 1 로 정하기
x: 7 y: 90 로 이동하기
90 ▼ 도 방향 보기
모양을 정상 ▼ (으)로 바꾸기
무한 반복하기
    speed 만큼 움직이기
    만약  ▮ 색에 닿았는가?  또는  ▮ 색에 닿았는가?  라면
        모양을 사고 ▼ (으)로 바꾸기
        speed ▼ 을(를) 0 로 정하기
        2 초 기다리기
        모양을 정상 ▼ (으)로 바꾸기

    만약  ▮ 색에 닿았는가?  라면
        I Win! 말하기
        score ▼ 을(를)  빨간차 제한시간 * 2  로 정하기
        1 초 기다리기
        이 스크립트 ▼ 멈추기

    만약  주유소 ▼ 에 닿았는가?  라면
        빨간차 제한시간 ▼ 을(를) 10 만큼 바꾸기
```

11단계 _ 결승선은 시작 이벤트와 함께 보이게 합니다. 하지만 'start' 메시지를 받은 후 사라지고 40초 뒤에 다시 나타나게 합니다. 이렇게 하는 이유는 기본적으로 자동차가 두 바퀴를 경주하도록 시간을 벌기 위해서입니다.

```
클릭했을 때
보이기
x: -58 y: 86 이동하기
```

```
start 을(를) 받았을 때
숨기기
40 초 기다리기
보이기
```

 12단계 _ 주유소 스프라이트가 무작위로 나타나도록 `1 부터 10 사이의 난수` 를 이용합니다. 또한 또는 와 만나면 사라지게 합니다.

```
start 을(를) 받았을 때
무한 반복하기
  만약 노란차 에 닿았는가? 또는 빨간차 에 닿았는가? 라면
    숨기기
  아니면
    1 부터 10 사이의 난수 초 기다리기
    보이기
    2 초 기다리기
    숨기기
```

화면 위쪽의 노란색 리믹스 버튼을 눌러 내가 만든
작품을 저장합니다.

더 나아가기

- 완성된 프로젝트에 경주가 시작되기 전 카운트다운이 진행되는 장면을 추가해 봅니다.

- 시간 범위에 따른 제한 시간을 그림으로 표현해 봅니다.

범위		표현 그림	범위		표현 그림
45초 초과	60초 이하		30초 초과	45초 이하	
15초 초과	30초 이하		0초 초과	15초 이하	
0초					

- 나만의 창의적인 자동차 경주 게임을 만들어 봅니다.

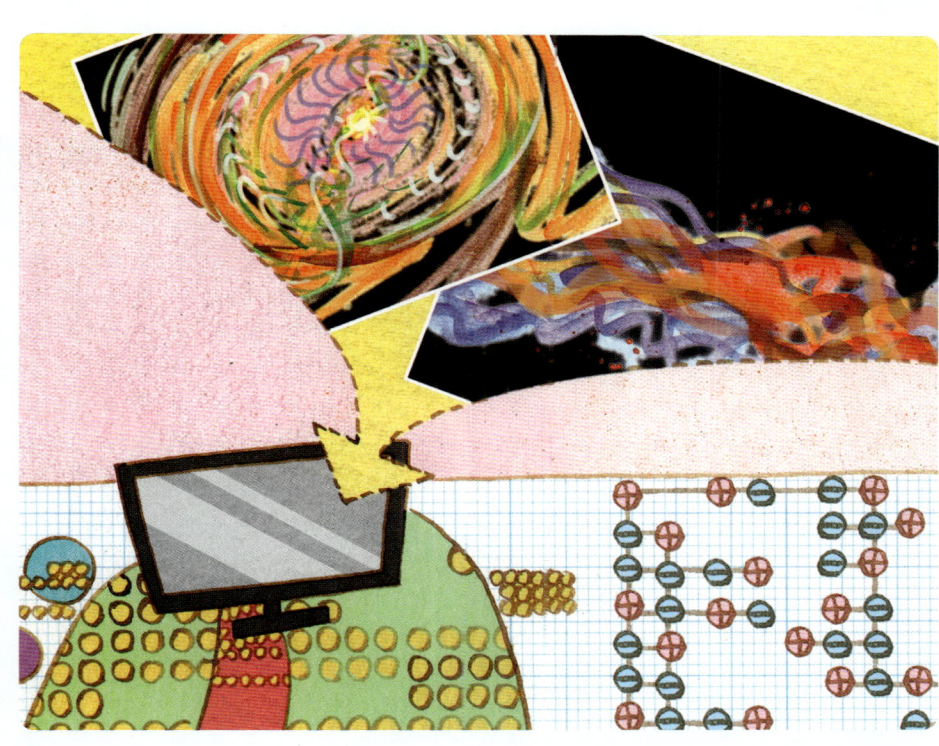

디지털 아트(Digital Art)란 디지털 미디어를 통한 조각, 회화, 설치미술 등 다양한 분야의 미술

행위로 다양한 디지털 도구를 이용해 미술 작품을 제작하는 것을 뜻합니다. 이번 장에서는 스

크래치를 활용해 디지털아트와 같은 효과를 만들어 보겠습니다. 애니메이션 이미지 또는 실물

사진을 자유자재로 움직이며 모양도 바꿔보고, 크기도 조절하면서 여러분만의 멋진 미술 작품

을 만들어 봅시다. 신나는 소리까지 넣어 작업한다면 디지털 예술 세상이 펼쳐질 겁니다. 자, 그

럼 신나는 디지털 아트의 세계로 빠져볼까요?

01 디지털 캔버스

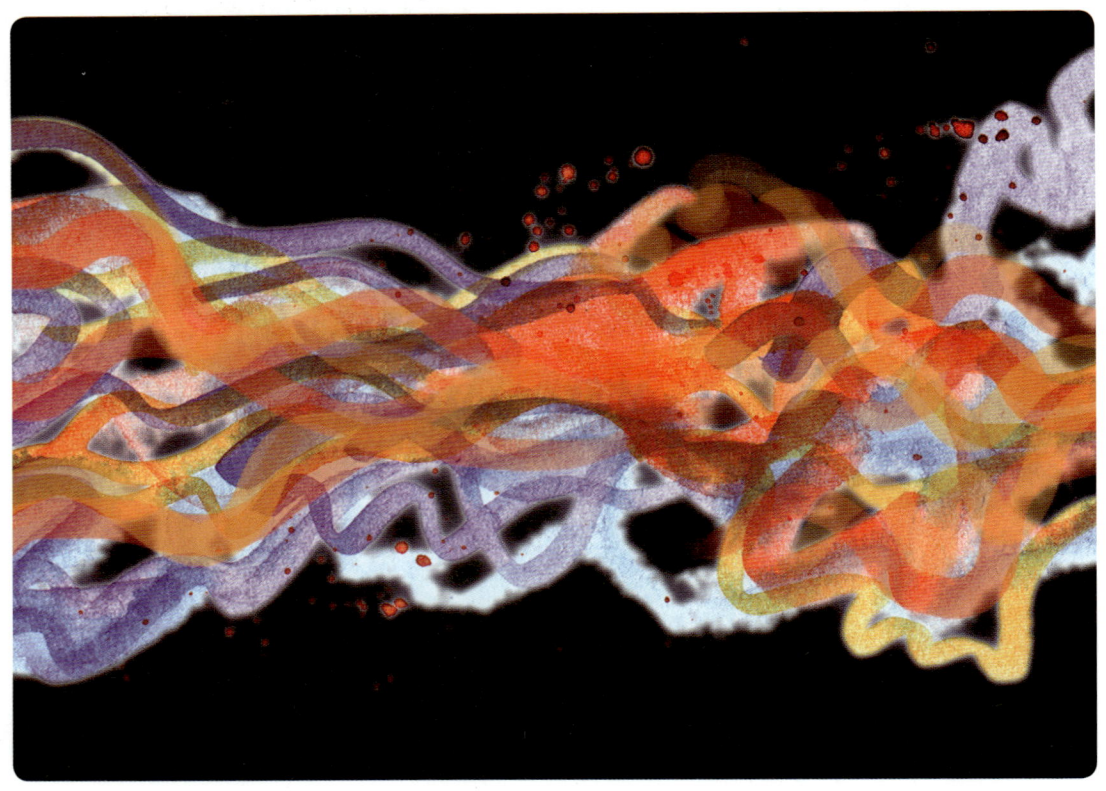

정적인 미술 작품이 아니라 영상, 사진, 그림, 음악 등이 오묘하게 조합되어 멋진 예술 작품으로 탄생한 것을 본 적이 있나요? 이번 장에서는 그런 멋진 작품을 스크래치로 만들어 보겠습니다. 신나는 음악 소리와 함께 사진과 그림이 서로 엇갈리며 자유자재로 바뀌고, 크기도 커졌다 작아졌다 하면서 여러분이 마우스를 움직이는 대로 따라 움직인다면 분명 멋진 작품이 탄생할 것입니다.

바로
이 장면!

다양한 애니메이션이 모양을 바꿔가며 화면에서 자유자재로 움직이며 멋진 작품을 만들어 갑니다. 이 장면을 스크래치로 표현해보겠습니다.

완성 프로젝트 살펴보기

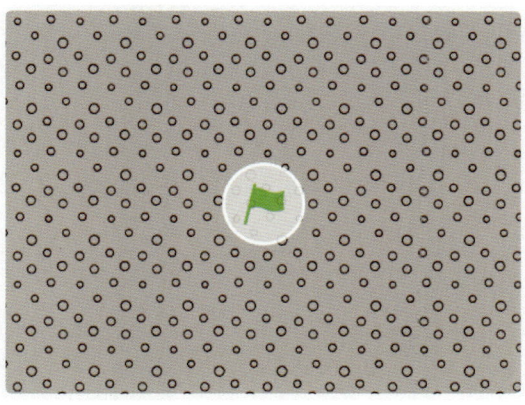

ezncode의 [4장. 디지털 아트를 표현하는 스크래치] 스튜디오의 '1. 디지털 캔버스(완성)' 프로젝트를 열어 🚩 버튼을 눌러 보세요.

스페이스바를 누르면 모양을 바꿀 수 있어요!

나노가 등장해 디지털 캔버스를 제작하는 방법을 알려줍니다.

- 스페이스바: 모양 바꾸기
- C: 삭제
- D: 시작 또는 멈춤
- S: 작게
- B: 크게

각 키를 이용해 마우스 포인터를 자유롭게 움직여
작품을 만듭니다.

책의 15~21쪽에 ezncode의 스튜디오를 살펴보는
자세한 방법이 나와있습니다.

프로젝트 알고리즘

등장 스프라이트

나노   변화하는 스프라이트 모양

프로젝트 설계도

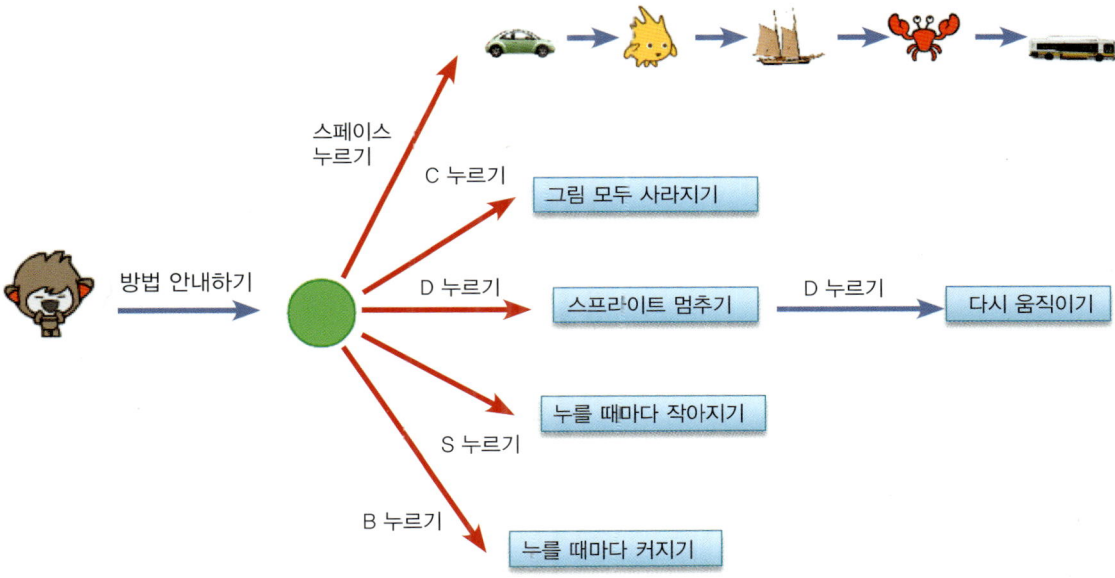

- 디지털 캔버스가 시작되면 마우스 포인터로 스프라이트를 움직입니다.

- 모양을 자유롭게 바꾸고, 삭제, 멈춤, 크기 조절 등을 원하는 대로 할 수 있습니다.

스크래치 코딩

도장 찍기

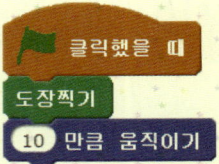

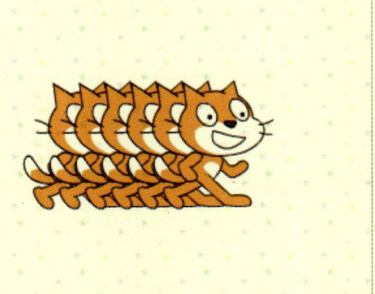의 도장 찍기를 이용하면 스프라이트를 똑같이 복제해서 놓을 수 있습니다. 마치 도장을 찍은 것 같은 효과를 보여주며, 위의 블록을 실행하면 아래와 같은 결과가 나타납니다.

이렇게 스프라이트에 다양한 효과를 줘서 디지털 캔버스 작품을 더욱 풍성하고, 멋지게 나타낼 수 있습니다.

프로젝트 만들기

스튜디오에서 '디지털 캔버스(미완성)' 프로젝트를 불러옵니다.

1단계 _ 디지털 캔버스의 시작을 알리며 나노가 등장하게 해줍니다.

```
클릭했을 때
보이기
x: -100 y: -51 로 이동하기
모양을 nano-a ▾ (으)로 바꾸기
```

2단계 _ 제어 의 [–초 기다리기]와 형태 의 Hello! 을(를) 2 초동안 말하기 를 연결한 후 안내할 말을 입력합니다. 이 같은 방법으로 디지털 캔버스에서 사용하는 키를 모두 설명합니다.

```
클릭했을 때
보이기
x: -100 y: -51 로 이동하기
모양을 nano-a ▾ (으)로 바꾸기
1 초 기다리기
모양을 nano-b ▾ (으)로 바꾸기
0.5 초 기다리기
스페이스바를 누르면 모양을 바꿀 수 있어요. 을(를) 2 초동안 말하기
```

3단계 _ 2단계와 마찬가지로 키를 설명하는 안내말을 입력합니다. 설명이 다 끝나고 디지털 캔버스 제작이 시작할 때 나노 스프라이트가 사라지고 소리가 나오게 합니다.

```
클릭했을 때
보이기
x: -100 y: -51 로 이동하기
모양을 nano-a (으)로 바꾸기
1 초 기다리기
모양을 nano-b (으)로 바꾸기
0.5 초 기다리기
스페이스바를 누르면 모양을 바꿀 수 있어요! 을(를) 2 초동안 말하기
0.5 초 기다리기
C을 누르면 그린 것을 지울 수 있어요! 을(를) 2 초동안 말하기
0.5 초 기다리기
D를 누르면 시작 또는 멈출 수 있어요! 을(를) 2 초동안 말하기
0.5 초 기다리기
S을 누르면 크기를 작게, B을 누르면 크게 할 수 있어요! 을(를) 2 초동안 말하기
1 초 기다리기
모양을 nano-c (으)로 바꾸기
자, 그럼 멋진 작품을 그릴 준비가 되었나요? 을(를) 2 초동안 말하기
1 초 기다리기
소리 방송하기
숨기기
```

클릭했을 때
지우기
숨기기
16 초 기다리기
draw 을(를) 1 로 정하기
지우기
크기를 50 % 로 정하기

4단계 _ 디지털 캔버스에 사용될 스프라이트가 등장하도록 왼쪽 그림과 같이 블록을 연결합니다.

그런 다음 draw 변수를 만든 후 값을 1로 지정합니다. 왼쪽 그림과 같이 '지우기'와 '크기 정하기'를 연결합니다.

클릭했을 때
지우기
숨기기
16 초 기다리기
draw 을(를) 1 로 정하기
지우기
크기를 50 % 로 정하기
무한 반복하기
　만약 draw = 1 라면
　　도장찍기
　5 만큼 움직이기
　색깔 효과를 5 만큼 바꾸기
　마우스 포인터 쪽 보기
　벽에 닿으면 튕기기

5단계 _ draw 변수가 1일 때 스프라이트가 도장을 찍고 색깔 효과를 내며 마우스 포인트를 따라 계속해서 움직이도록 왼쪽 그림과 같이 블록을 연결합니다.

스페이스 키를 눌렀을 때
다음 모양으로 바꾸기

6단계 _ 스페이스바를 눌렀을 때 스프라이트가 다음 모양으로 바뀌게 합니다.

c 키를 눌렀을 때
지우기

7단계 _ C(c)를 눌렀을 때 그동안 그린 것을 모두 삭제하게 합니다.

8단계 _ B(b)를 눌렀을 때 스프라이트의 크기가 커질 수 있게 왼쪽 그림과 같이 블록을 연결합니다.

9단계 _ draw 변수가 0이라면 그림을 계속 그릴 수 있게 왼쪽 그림과 같이 블록을 연결합니다.

10단계 _ S(s)를 눌렀을 때 스프라이트의 크기가 작아질 수 있도록 합니다.

11단계 _ 효과음을 위한 소리를 삽입하기 위해 왼쪽 그림과 같이 블록을 연결합니다(음악파일은 원하는 것으로 정해도 좋습니다).

화면 위쪽의 노란색 리믹스 버튼을 눌러 내가 만든 작품을 저장합니다.

더 나아가기

여기서는 　펜　의 지우기, 도장 찍기 정도의 블록만 사용했습니다. 이 밖에도 펜을 내려 선의 굵기, 색깔, 음영 등을 지정해 그림을 그릴 수도 있습니다. 다양한 블록을 더 조합해서 디지털 아트를 만들어 봅시다.

이 블록은 펜을 이용해 그림을 그리는 기능을 합니다.

　펜　:

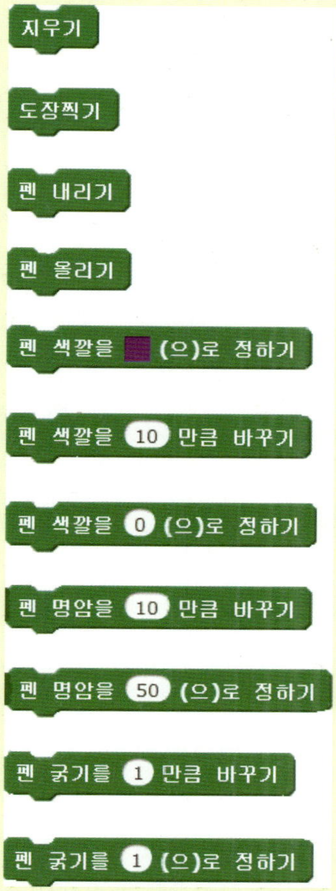

지우기

도장찍기

펜 내리기

펜 올리기

펜 색깔을 ▓ (으)로 정하기

펜 색깔을 10 만큼 바꾸기

펜 색깔을 0 (으)로 정하기

펜 명암을 10 만큼 바꾸기

펜 명암을 50 (으)로 정하기

펜 굵기를 1 만큼 바꾸기

펜 굵기를 1 (으)로 정하기

02 신나는 리듬의 세계로

쿵짝꿍짝 신나는 드럼 소리를 들어본 적이 있나요? 노래의 박자를 맞춰주는 역할을 하는 드럼은 음식에 들어가는 소금과 같이 모든 음악에 꼭 필요합니다.

지금까지 배운 내용을 활용해 드럼을 만들고 연주할 수 있습니다. 또 종이컵이나 젓가락 등 주변 사물을 이용해 드럼을 직접 만들어볼 수 있습니다(이 내용은 5장에서 더 자세히 알아볼게요).

그럼 지금부터 스크래치를 이용해 나만의 드럼을 만들어 볼까요?

바로
이 장면!

드럼은 여러 종류의 북고 심벌즈, 탬버린 등으로 구성돼 있는 악기입니다. 이번 장에서는 베이스 드럼과 스내어 드럼, 하이햇과 크래쉬 심벌즈로 구성된 드럼을 만들고 연주해 보겠습니다.

완성 프로젝트 살펴보기

ezncode의 [4장. 디지털 아트를 표현하는 스크래치] 스튜디오의 '2. 신나는 리듬의 세계로(완성)' 프로젝트를 열어 🚩 버튼을 눌러 보세요.

벨을 클릭하면 시작 노래와 무대가 반짝거립니다.

스페이스바를 눌러 보세요

등장 인물이 비트박스를 하면서 춤을 추기 시작합니다.

S, F, J, L 키를 각각 또는 함께 눌러보세요. 누르는
키에 따라 각 악기가 반응하며 소리가 납니다.

자! 이제 여러분만의 리듬을 만들어 볼까요?

책의 15~21쪽에 ezncode의 스튜디오를 살펴보는
자세한 방법이 나와있습니다.

프로젝트 알고리즘

등장 스프라이트

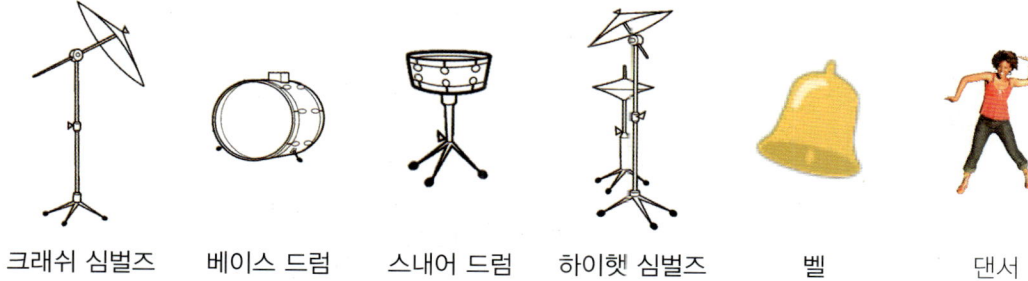

크래쉬 심벌즈   베이스 드럼   스내어 드럼   하이햇 심벌즈   벨   댄서

프로젝트 설계도

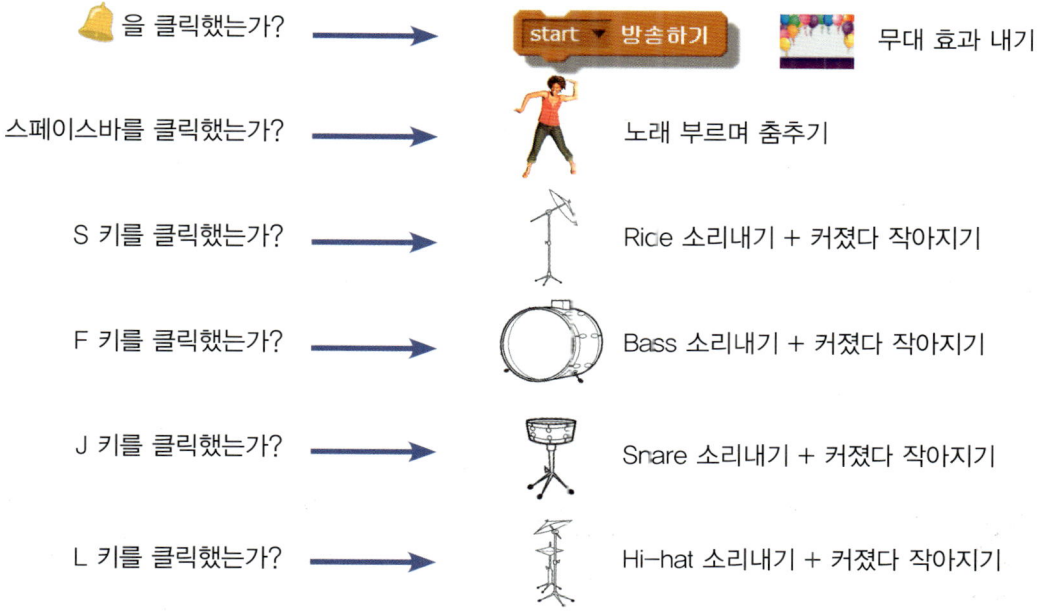

🔔 을 클릭했는가? ➡ `start ▾ 방송하기`   무대 효과 내기

스페이스바를 클릭했는가? ➡   노래 부르며 춤추기

S 키를 클릭했는가? ➡   Rice 소리내기 + 커졌다 작아지기

F 키를 클릭했는가? ➡   Bass 소리내기 + 커졌다 작아지기

J 키를 클릭했는가? ➡   Snare 소리내기 + 커졌다 작아지기

L 키를 클릭했는가? ➡   Hi-hat 소리내기 + 커졌다 작아지기

- 벨을 클릭하면 시작 소리와 함께 무대 효과가 나타납니다.

- 각 키를 클릭하면 악기가 반응하며 소리가 납니다.

스크래치 코딩

소리 편집하기

효과 ▼

페이드인
페이드아웃
음량 키우기
음량 줄이기
음량 끄기
역방향

스크래치에서는 왼쪽과 같이 다양한 효과를 제공합니다. 효과를 적용하려는 부분을 드래그한 후 효과를 선택합니다.

편집 ▼   효과 ▼
페이드인
페이드아웃

Microphone volume:

스크래치 타악기 종류 알아보기

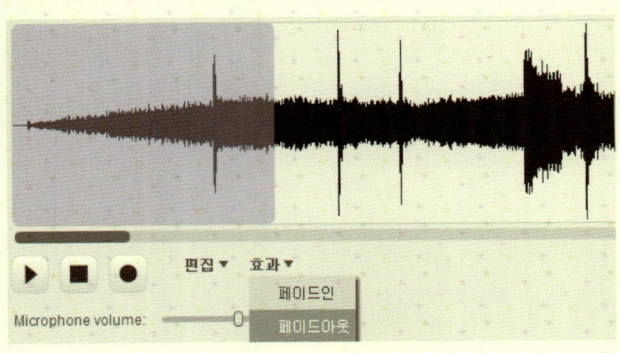

드럼	7. 탬버린	8. 박수	9. 클라베스	10. 목판
1. 스내어 드럼 2. 베이스 드럼 3. 사이드 스틱 4. 크래시 심벌 5. 오픈 하이-햇 6. 닫힌 하이-햇				
11. 카우벨	12. 트라이앵글	13. 봉고	14. 콩가드럼	15. 카바사
16. 귀로우	17. 비브라슬랩	18. 오픈 퀴카		

프로젝트 만들기

1단계 _ 스튜디오에서 '신나는 리듬의 세계로(미완성)' 프로젝트를 불러옵니다.

```
이 스프라이트를 클릭했을 때
triumph ▼ 끝까지 소리내기
start ▼ 방송하기
```

2단계 _ 벨 스프라이트를 클릭했을 때 시작 소리가 나고, 무대 효과가 날 수 있게 'Start'를 방송합니다.

```
start ▼ 을(를) 받았을 때
무한 반복하기
  색깔 ▼ 효과를 25 만큼 바꾸기
  0.1 초 기다리기
```

3단계 _ 벨 스프라이트를 클릭했을 때 조명이 바뀌는 듯한 무대 효과가 나도록 색깔 효과를 계속해서 바꿔 줍니다.

```
스페이스 ▼ 키를 눌렀을 때
human beatbox1 ▼ 소리내기
```

4단계 _ 댄서 스프라이트가 비트박스를 하도록 왼쪽과 같이 블록을 조합합니다.

```
스페이스 ▼ 키를 눌렀을 때
무한 반복하기
  다음 모양으로 바꾸기
  0.2 초 기다리기
```

5단계 _ 비트박스를 하면서 춤을 추도록 모양을 계속해서 바꿔 줍니다.

6단계 _ 크래쉬 심벌즈는 드럼 왼쪽에 있습니다. 키보드의 왼쪽에 있는 S 키를 눌렀을 때 크래시 심벌즈 소리(4번 타악기)가 나도록 블록을 조립합니다.

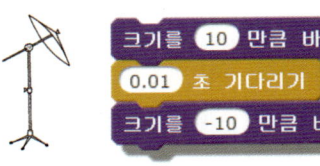

7단계 _ 각 악기가 눌러졌다는 걸 알리기 위해 크기를 잠깐 변경합니다.

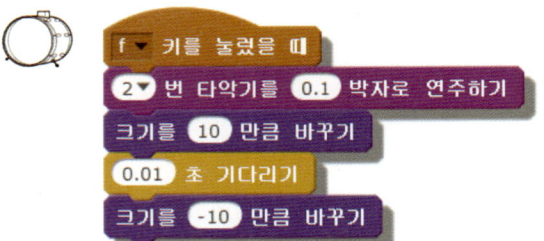

8단계 _ 두 블록을 서로 연결합니다.

9단계 _ F 키를 눌렀을 때 베이스 드럼 소리(2번 타악기)가 나게 합니다.

10단계 _ 왼쪽과 같이 블록을 조립합니다.

11단계 _ J 키를 눌렀을 때 스내어 드럼 소리(1번 타악기)가 나게 합니다.

12단계 _ 왼쪽과 같이 블록을 조립합니다.

13단계 _ J 키를 눌렀을 때 하이햇 심벌즈 소리(5번 타악기)가 나게 합니다.

14단계 _ 왼쪽과 같이 블록을 조립합니다.

화면 위쪽의 노란색 리믹스 버튼을 눌러 내가 만든 작품을 저장합니다.

더 나아가기

- 여러분이 좋아하는 노래를 배경음악으로 추가한 후 드럼 세트로 리듬을 맞춰봅시다.
- 스크래치의 소리 블록을 이용하면 드럼 외에 다양한 악기를 만들 수 있습니다. 여러분이 좋아하는 악기를 만들어 연주해 봅시다.

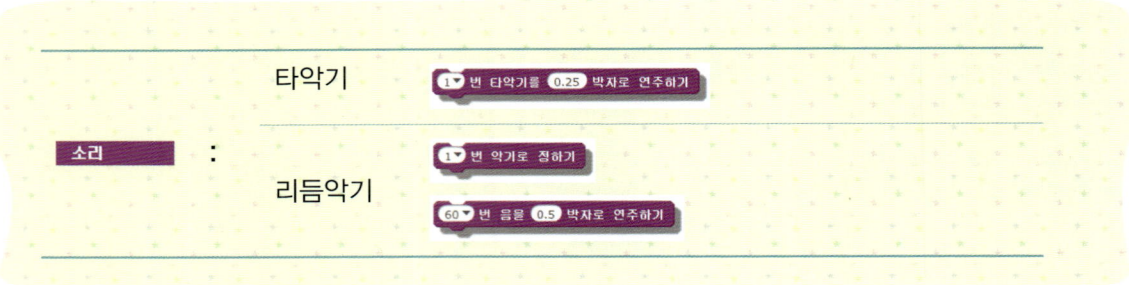

드럼 비트

4bit

4비트는 한 마디를 4부분으로 쪼개서 치는 리듬입니다.

1	2	3	4
H	H	H	H
		S	
B			

8bit

8비트는 한 마디를 8부분으로 쪼개서 치는 리듬입니다.

1	2	3	4	5	6	7	8
H	H	H	H	H	H	H	H
		S				S	
B			B	B			

H : 하이햇 심벌즈   S : 스내어 드럼   B : 베이스 드럼

03 불꽃 효과

음악소리의 크기에 따라 미디어 플레이어의 화면이 역동적으로 움직이는 것을 본 적이 있나요? 소리의 크기에 따라 움직이는 모양이 순간적으르 마치 한 폭의 그림과 같이 느껴질 것입니다.

지금까지 배운 내용을 이용하면 음악 및 소리에 따라 즉흥적으로 만들어지는 시각화 작품을 손쉽게 만들 수 있습니다.

자! 그럼 지금부터 스크래치로 나만의 시각화 작품을 표현해볼까요?

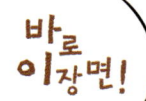

이 효과를 적용하려면 마이크가 필요합니다.

윈도우 미디어 플레이어에서 음악에 따라 시각적으로
반응하는 화면을 본 적이 있나요? 이번에는 여러분의
목소리에 따라 반응하는 시각화 도구를 만들어 보겠습
니다.

완성 프로젝트 살펴보기

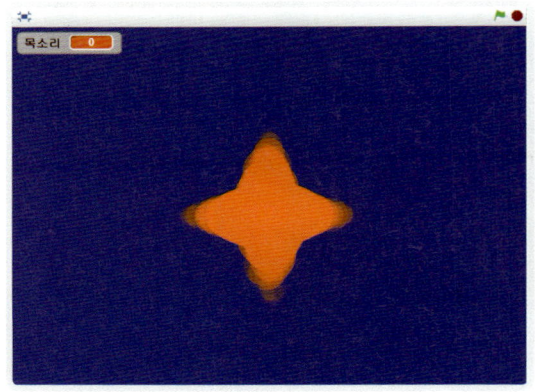

ezncode의 [4장. 디지털 아트를 표현하는 스크래
치] 스튜디오의 '3. 불꽃 효과(완성)' 프로젝트를 열
어 🏁 버튼을 눌러 보세요.

여러분의 목소리에 반응해 시각화 도구가 움직이게
됩니다.

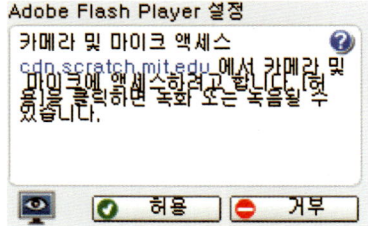

왼쪽과 같은 창이 나타나면 '허용'을 선택합니다.

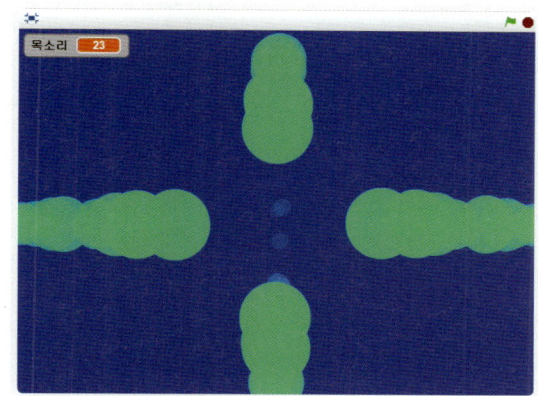

컴퓨터는 여러분의 목소리를 0~100 사이의 값으로 인스하게 됩니다.

목소리가 0보다 클 경우 불꽃이 좌, 우, 상, 하로 각각 퍼집니다.

목소리가 점점 더 커지면 배경은 파란색에서 흰색으로, 불꽃은 좌, 우, 상, 하의 가장자리로 이동합니다.

책의 15~21쪽에 ezncode의 스튜디오를 살펴보는 자세한 방법이 나와있습니다.

프로젝트 알고리즘

등장 스프라이트

| 배경 | 왼쪽 | 오른쪽 | 위쪽 | 아래쪽 |

프로젝트 설계도

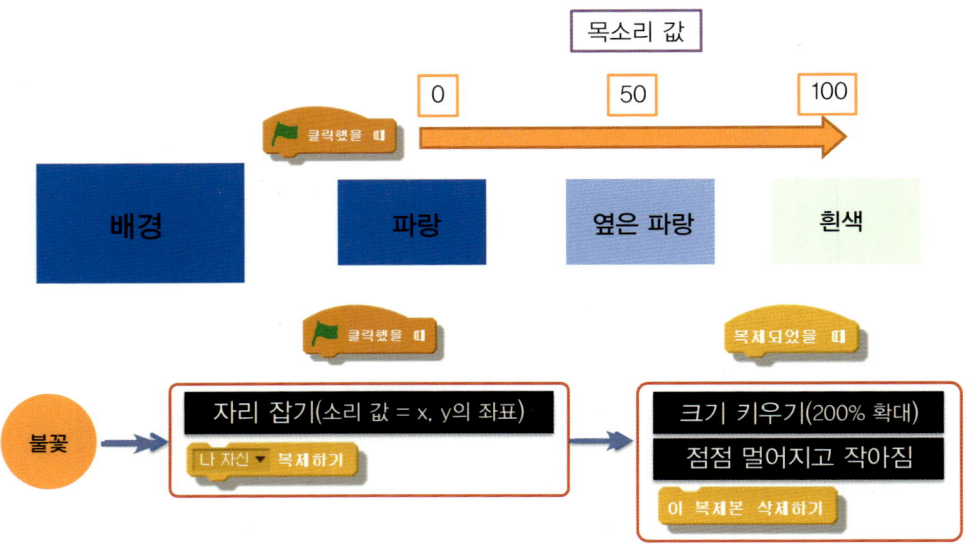

- 배경은 목소리 값의 크기에 따라 색상이 변합니다.

- 총 4개의 불꽃이 존재합니다.

- 목소리 크기에 따라 왼쪽과 오른쪽 불꽃은 x 좌푯값을, 위쪽과 아래쪽 불꽃은 y 좌푯값을 갖게 됩니다.

- 불꽃은 한번 복제되면 확대됐다가 점차 작아지고 희미해집니다.

스크래치 코딩

그래픽 효과 넣고 삭제하기

1_ 형태 블록에서 오른쪽과 같은 '그래픽 효과' 블록을
삽입한 후 펼침 메뉴의 효과를 지정합니다.

색깔 ▼ 효과를 25 만큼 바꾸기
색깔
어안 렌즈
소용돌이
픽셀화
모자이크
밝기
반투명

2_ 숫자 값을 지정하거나 음량과 같은 외부 센서 값으로 그
래픽 효과의 변화를 조절할 수 있습니다.

색깔 ▼ 효과를 음량 만큼 바꾸기

3_ 그래픽 효과를 삭제하려면 효과 지우기 블록을 활용합
니다.

그래픽 효과 지우기

스크립트 한꺼번에 복제하기

1_ 스프라이트의 스크립트 블록
을 선택하고 복제 대상 스프
라이트에 끌어 옮깁니다.

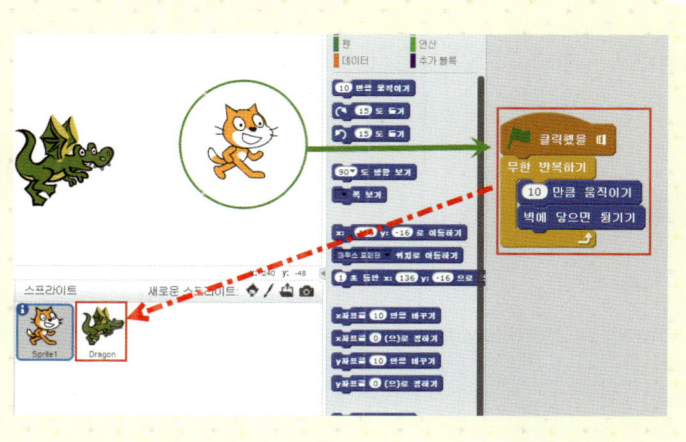

프로젝트 만들기

1단계 _ 스튜디오에서 '불꽃효과(미완성)' 프로젝트를 불러옵니다.

2단계 _ 프로그램이 시작되면 배경에 적용된 그래픽 효과를 지우고 음량 크기만큼 반투명 효과가 적용됩니다.

3단계 _ 프로그램이 실행되면 동시에 목소리 변수를 음량으로 설정해 자신의 목소리 값을 확인할 수 있게 합니다.

왼쪽

4단계 _ 프로그램이 시작되면 왼쪽 불꽃은 사라지고 음량의 4배 만큼 중앙에서 왼쪽으로 이동하고 복제하게 합니다(복제는 계속됩니다)

5단계 _ 일단 복제가 되면 불꽃이 나타나고 −90°(왼쪽 방향)로 향하게 합니다. 크기를 200% 크게 하고
아래와 같은 코드를 입력합니다.

왼쪽

```
복제되었을 때
보이기
맨 앞으로 나오기
-90 ▼ 도 방향 보기
크기를 200 % 로 정하기
25 번 반복하기
    색깔 ▼ 효과를 ( 음량 * 3 ) (으)로 정하기
    x좌표를 ( -1 부터 1 사이의 난수 ) 만큼 바꾸기
    ( 2 부터 5 사이의 난수 ) 만큼 움직이기
    크기를 -7 만큼 바꾸기
    반투명 ▼ 효과를 4 만큼 바꾸기
이 복제본 삭제하기
```

6단계 _ 앞에서 만든 왼쪽 불꽃처럼 프로그램이 시작되면 오른쪽 불꽃은 사라지고 음량의 4배 만큼 중앙
에서 오른쪽으로 이동하고 복제하게 합니다(복제는 계속됩니다).

오른쪽

```
🚩 클릭했을 때
숨기기
무한 반복하기
    x: ( 음량 * 4 ) y: 0 로 이동하기
    나 자신 ▼ 복제하기
```

오른쪽

7단계 _ 일단 복제가 되면 불꽃이 나타나고 90°(오른쪽 방향)로 향하게 합니다. 불꽃 효과를 위해 아래 코드를 반복하게 한 후 복제본을 삭제합니다.

8단계 _ 위쪽 불꽃 스프라이트도 앞에서 만든 스프라이트와 동일한 스크립트를 복사해서 재사용합니다. 단, 다음 파란색 블록은 수정하게 합니다.

위쪽

9단계 _ 아래쪽 불꽃 스프라이트의 스크립트를 다음과 같이 입력합니다.

아래쪽

```
클릭했을 때
숨기기
무한 반복하기
    x: 0 y: 0 - 음량 * 4 로 이동하기
    나 자신 ▼ 복제하기
```

```
복제되었을 때
보이기
맨 앞으로 나오기
180▼ 도 방향 보기
크기를 200 % 로 정하기
25 번 반복하기
    색깔 ▼ 효과를 음량 * 3 (으)로 정하기
    x좌표를 -1 부터 1 사이의 난수 만큼 바꾸기
    2 부터 5 사이의 난수 만큼 움직이기
    크기를 -7 만큼 바꾸기
    반투명 ▼ 효과를 4 만큼 바꾸기
이 복제본 삭제하기
```

화면 위쪽의 노란색 리믹스 버튼을 눌러 내가 만든
작품을 저장합니다.

더 나아가기

추가 블록의 블록 만들기를 이용해 반복적으로 사용하는 스크립트를 찾아 간단하고 실용적으로 표현해
봅시다.

- 먼저 4개의 스프라이트에서 반복적으로 사용하는 스크립트를 찾습니다.
- 간단하게 줄이기 위해 [추가 블록]을 생성합니다.

왼쪽

오른쪽

위쪽

아래쪽

- 반복적인 스크립트[회색 부분]

■ 불꽃효과 블록을 만들어 스크립트를 재사용
■ 매개변수로 각도를 추가해 방향을 제어

```
복제되었을 때
보이기
맨 앞으로 순서 바꾸기
    도 방향 보기
크기를 200 % 로 정하기
25 번 반복하기
    색깔 ▼ 효과를 음량 * 3 (으)로 정하기
    x좌표를 -1 부터 1 사이의 난수 만큼 바꾸기
    2 부터 5 사이의 난수 만큼 움직이기
    크기를 -7 만큼 바꾸기
    반투명 ▼ 효과를 4 만큼 바꾸기
이 복제본 삭제하기
```

```
정의하기 불꽃효과 각도
보이기
맨 앞으로 순서 바꾸기
각도 도 방향 보기
크기를 200 % 로 정하기
25 번 반복하기
    색깔 ▼ 효과를 음량 * 3 (으)로 정하기
    x좌표를 -1 부터 1 사이의 난수 만큼 바꾸기
    2 부터 5 사이의 난수 만큼 움직이기
    크기를 -7 만큼 바꾸기
    반투명 ▼ 효과를 4 만큼 바꾸기
이 복제본 삭제하기
```

```
복제되었을 때
불꽃효과 90
```

- [　도 방향 보기] 블록 외에 모든 스크립트가 중복됩니다.

- [불꽃효과 -90] 블록을 생성한 후 '개인 저장소'에서 저장합니다.
- '개인 저장소'에 저장된 [불꽃효과 -90] 블록을 스프라이트의 스크립트에 끌어와 재사용합니다.

5부에서는 스크래치 프로그래밍에 전자보드, 로봇과 같은 구체적 조작 도구를 연결해 다양한

창작 활동을 경험해 보겠습니다.

여기서는 마키마키를 통해 우리의 몸, 바나나, 컵, 종이 등 주변에서 쉽게 볼 수 있는 물질들이

컴퓨터의 입력장치로 활용되는 것을 경험해 볼 것입니다. 그리고 다양한 센서가 부착된 피코보

드를 이용해 스크래치 프로젝트를 제어하는 방법을 비롯해 초등학생을 대상으로 개발된 LEGO

사의 WeDo 로봇을 활용해 다양한 창작 작품을 만들어 보겠습니다. 생각만 해도 기대되지요?

01 마키마키(MakeyMakey)

마키마키(MakeyMakey)란?

우리가 컴퓨터에 명령을 내리거나 어떤 값을 입력할 때는 키보드나 마우스 같은 입력장치를

사용합니다. 혹시 키보드나 마우스가 아닌 다른 입력장치를 본 적이 있나요? 맞아요! 바로

웹툰 작가가 만화를 그릴 때 사용하는 태블릿이나 게임을 할 때 사용하는 조이스틱 등도 입력

장치의 일종입니다.

지금부터 사용할 입력장치는 키보드나 마우스, 태블릿, 조이스틱이 아닌 우리의 몸, 바나나,

컵, 종이 등 우리 주변에 있는 물건들입니다. 여기서는 키보드의 위쪽 화살표 대신 바나나를,

아래쪽 화살표 대신 컵을, 마우스 오른쪽 버튼 대신 종이를 사용해 보겠습니다!

자, 그럼 신나는 마키마키의 세계로 빠져볼까요?

마키마키 살펴보기

먼저 마키마키가 어떻게 구성돼 있는지 살펴보겠습니다. 아래와 같이 1개의 보드는 앞·뒷면으로 구성돼 있습니다.

앞면 _ 앞면에는 위, 아래, 오른쪽, 왼쪽, 스페이스바, 마우스 왼쪽 버튼의 역할을 하는 연결 공간이 있습니다.

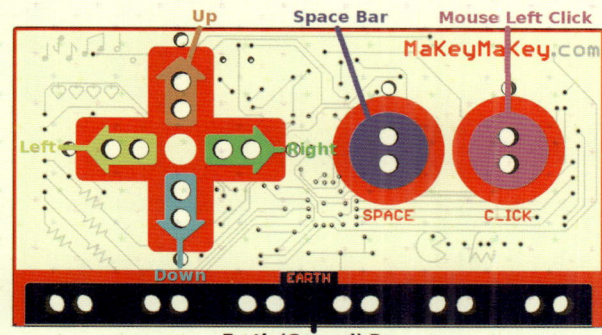

뒷면 _ 뒷면에는 위, 아래, 오른쪽, 왼쪽, 스페이스바, 마우스 왼쪽 버튼의 역할을 하는 연결 공간과 각 키보드의 키 역할을 하는 연결 공간이 있습니다.

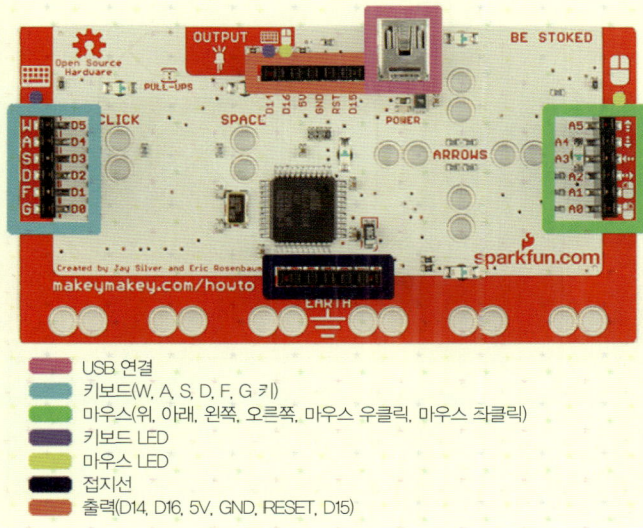

■ USB 연결
■ 키보드(W, A, S, D, F, G 키)
■ 마우스(위, 아래, 왼쪽, 오른쪽, 마우스 우클릭, 마우스 좌클릭)
■ 키보드 LED
■ 마우스 LED
■ 접지선
■ 출력(D14, D16, 5V, GND, RESET, D15)

마키마키 연결하기

이번에는 마키마키를 어떻게 사용하는지 살펴봅시다.

1 _ 아래 사진과 같이 마키마키와 컴퓨터를 연결
합니다.

2 _ 마키마키 맛보기 프로젝트를 불러옵니다.

 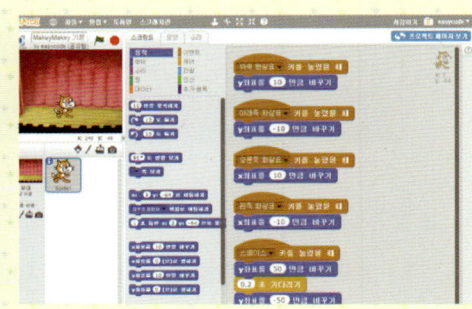

TIP _ 뒷면의 키 연결하기

1. 뒷면에 전선을 연결합니다.
2. 전선에 집게전선의 한쪽을 연결하고, 다른 쪽은 물건을 연결합니다.
3. 물건을 만져봅시다.

직접 손으로 만져보기

 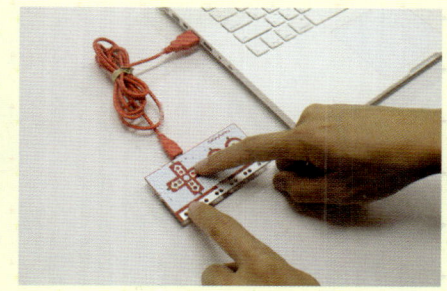

1. 왼쪽 집게손가락을 EARTH 부분에 댑니다.
2. 오른쪽 집게손가락으로 위, 아래, 오른쪽, 왼쪽 화살표를 눌러봅시다.

물건을 집게전선으로 연결한 후 손으로 만져보기

1. 집게 전선을 EARTH 부분에 연결하고 손으로 잡습니다.
2. 각 화살표 부분에 집게 전선의 한쪽을 연결하고 다른 쪽에는 물체를 연결합니다.
3. 각 물체를 만져봅시다.

전기 전도 볼펜으로 그림을 그린 후 손으로 만져보기

 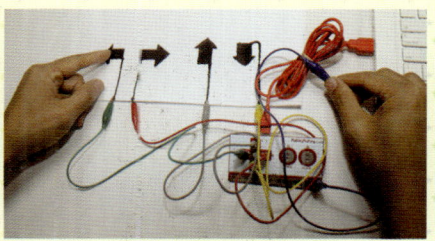

1. 전기 전도 볼펜으로 그림을 그린 선을 따라 전기가 흐릅니다.
2. 전기 전도 볼펜으로 그림을 그린 후 집게전선을 연결합니다.
3. 그린 그림을 만져봅시다.

전기 전도 볼펜이 없다면 연필을 사용해도 잘 작동됩니다.

완성 프로젝트 살펴보기

4장의 '3. 신나는 리듬의 세계로'xxxxxxxxxxxx트 프로젝트에 마키마키를 연결해 드럼 연주를 해보겠습니다.

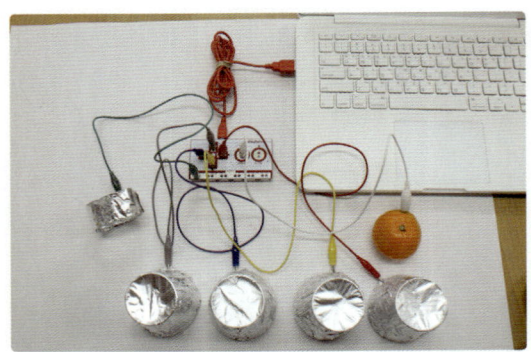

컴퓨터와 마키마키를 사진과 같이 연결합니다.

ezncode의 [5장. 스크래치와 함께하는 도구] 스튜디오의 '1. MakeyMakey(완성)' 프로젝트를 열어
🚩 버튼을 눌러 보세요.

벨을 클릭하면 시작 노래가 나옵니다.

각 종이컵 악기를 두드려 드럼 소리를 만들어 봅시다!

자! 이제 여러분만의 리듬을 만들어볼까요?

책의 15~21쪽에 ezncode의 스튜디오를 살펴보는
자세한 방법이 나와있습니다.

프로젝트 알고리즘

등장 스프라이트

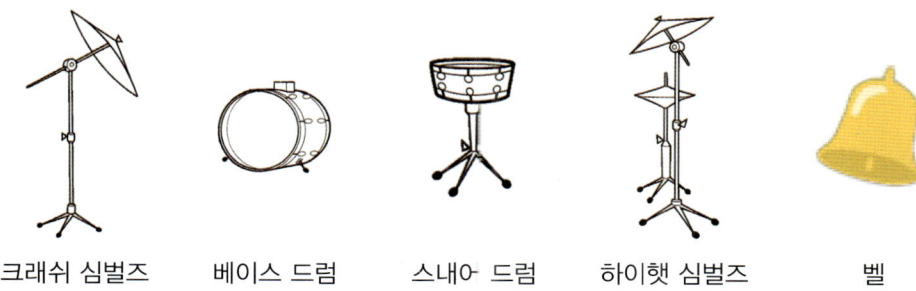

크래쉬 심벌즈　　베이스 드럼　　스내어 드럼　　하이햇 심벌즈　　벨

프로젝트 설계도

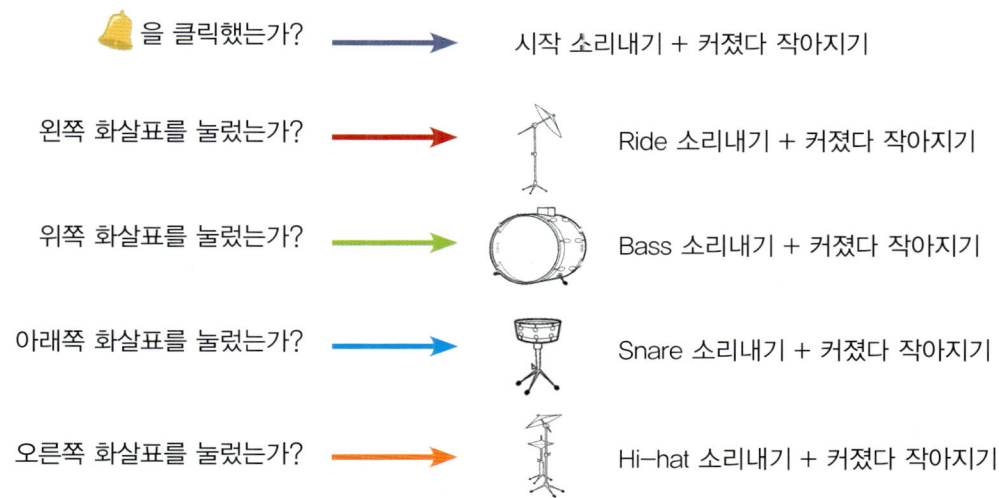

🔔 을 클릭했는가? ➜ 시작 소리내기 + 커졌다 작아지기

왼쪽 화살표를 눌렀는가? ➜ Ride 소리내기 + 커졌다 작아지기

위쪽 화살표를 눌렀는가? ➜ Bass 소리내기 + 커졌다 작아지기

아래쪽 화살표를 눌렀는가? ➜ Snare 소리내기 + 커졌다 작아지기

오른쪽 화살표를 눌렀는가? ➜ Hi-hat 소리내기 + 커졌다 작아지기

- 벨을 클릭하면 시작 소리와 함께 무대 효과가 나타납니다.

- 각 키를 클릭하면 악기가 반응하며 소리가 납니다.

마키마키 사용 환경 만들기

준비물

종이컵 4개, 알루미늄 호일

1 _ 종이컵 4개를 준비합니다.

2 _ 종이컵 외부를 알루미늄 호일로 덮습니다.

　이 과정을 4번 반복합니다.

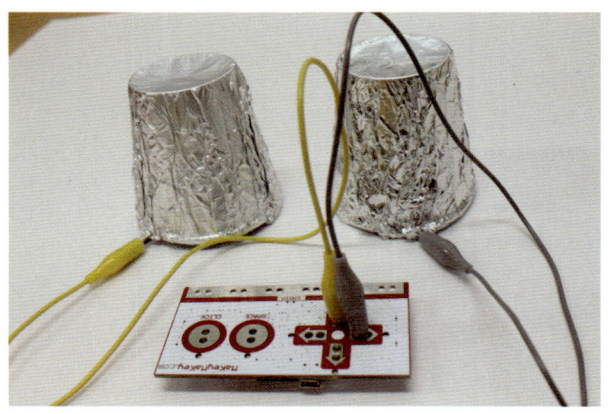

3 _ 마키마키에 집게전선을 연결합니다.

　알루미늄 호일을 싼 종이컵과 집게전선을 연결

　합니다.

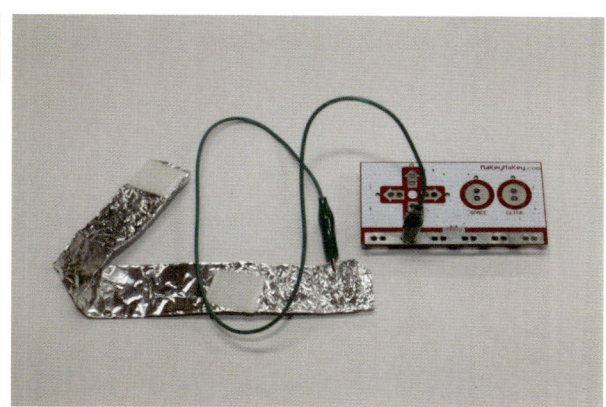

4 _ 알루미늄 호일을 팔찌 모양으로 만듭니다. 팔찌
모양 알루미늄 호일과 마키마키를 집게전선으로
연결합니다.

5 _ 신나게 드럼을 연주해 볼까요?

화면 위쪽의 노란색 리믹스 버튼을 눌러 내가 만든
작품을 저장합니다.

완성 프로젝트 살펴보기

전기 전도 볼펜과 마키마키를 이용해 나만의 악기를 만들어 보겠습니다.

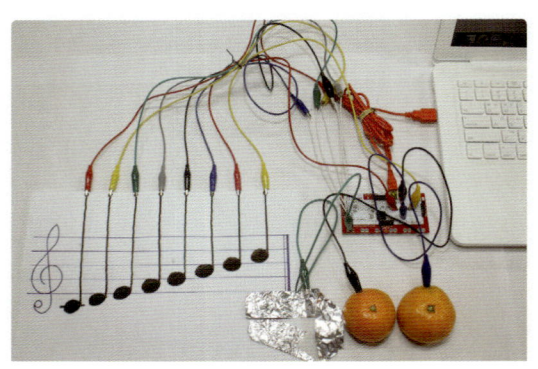

전기 전도 볼펜(연필)으로 그린 악기 종이를 마키마키, 컴퓨터와 연결합니다.

ezncode의 [5장. 스크래치와 함께하는 도구] 스튜디오의 '2. MakeyMakey Music(완성)' 프로젝트를 열어 ⚑ 버튼을 눌러 보세요.

종이 위의 그림을 누르면 각 음이 연주됩니다.

자! 이제 여러분의 음악을 만들어볼까요?

더 많은 자료를 보고싶나요? 유튜브(www.youtube.com)에서 'MakeyMakey'를 검색해 봅시다.

프로젝트 알고리즘

등장 스프라이트

별

프로젝트 설계도

위쪽 화살표를 눌렀는가?	→	악기 소리 바꾸기(+1)
위쪽 화살표를 눌렀는가?	→	악기 소리 바꾸기(−1)
W 키를 눌렀는가?	→	'도' 소리내기
A 키를 눌렀는가?	→	'레' 소리내기
S 키를 눌렀는가?	→	'미' 소리내기
D 키를 눌렀는가?	→	'파' 소리내기
F 키를 눌렀는가?	→	'솔' 소리내기
G 키를 눌렀는가?	→	'라' 소리내기
왼쪽 화살표를 눌렀는가?	→	'시' 소리내기
오른쪽 화살표를 눌렀는가?	→	'도' 소리내기

- 위, 아래 화살표를 누르면 악기 소리가 바뀝니다.

마키마키 사용 환경 만들기

준비물

전기 전도 볼펜(혹은 연필), 종이

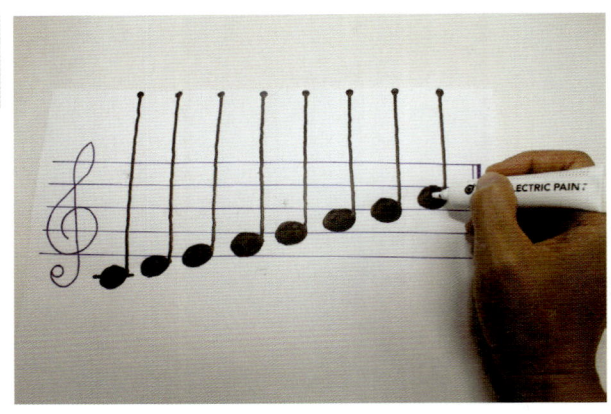

1_ 종이 1장을 준비합니다.

전기전도볼펜을 이용하여 음표를 그립니다. 전기전
도볼펜이 없다면 연필을 사용해도 됩니다. 연필심도
전기가 통합니다.

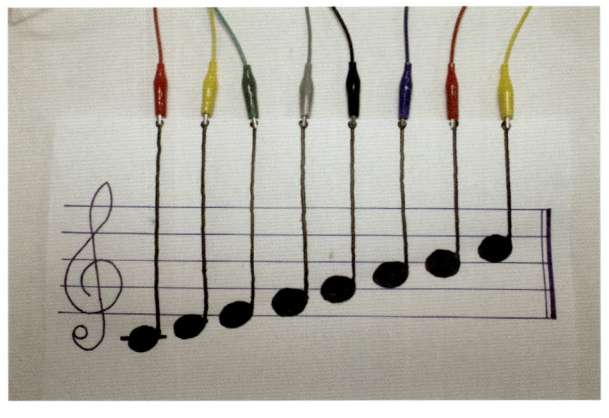

2_ 각 그림의 끝과 집게 전선을 연결합니다.

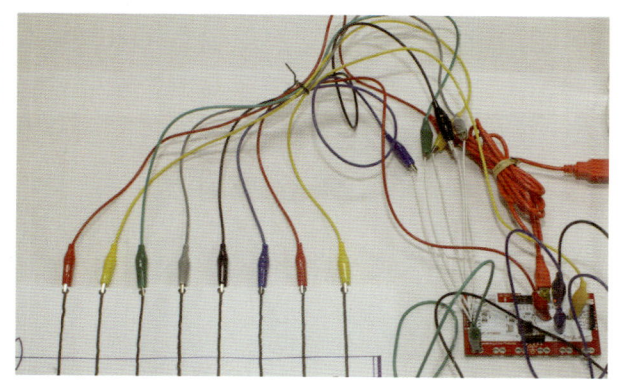

3 _ 집게 전선과 마키마키를 연결합니다. 연결할 때
'도 레 미 파 솔 라'는 각 'W A S D F G'에 연결
합니다.

그리고 '시 도'는 '왼쪽 화살표, 오른쪽 화살표'에
연결합니다.

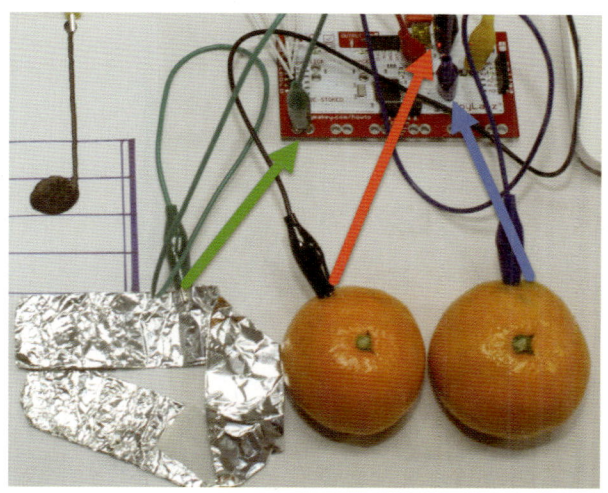

4 _ 팔찌를 Earth 부분에, 귤을 마키마키의 화살표
위, 아래에 연결합니다.

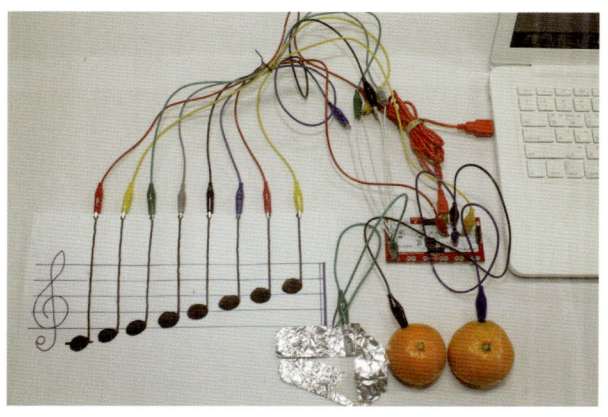

5 _ 완성된 모습입니다.

프로젝트 만들기

1단계 _ 스튜디오에서 'MakeyMakey Music(미완성)' 프로젝트를 불러옵니다.

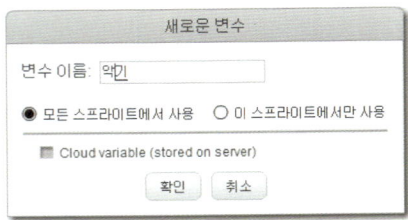

2단계 _ 악기 소리를 쉽게 변경할 수 있게 '악기' 변수를 만듭니다.

3단계 _ 'W' 키를 눌렀을 때 설정한 악기 소리가 나도록 블록을 연결합니다.

4단계 _ 낮은 '도' 소리가 나며, 스프라이트의 색깔이 변하도록 왼쪽과 같이 블록을 연결합니다.

복사
삭제
댓글 추가하기
help

5단계 _ 블록 위에 마우스 커서를 위치한 후 마우스 오른쪽 버튼을 클릭해 블록 전체를 복사합니다. 이 과정을 7번 반복합니다.

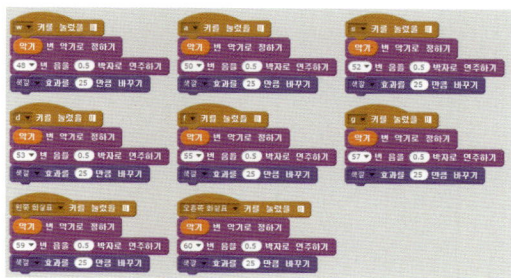

6단계 _ 각 키별 음을 설정합니다.

키	음	번호
W	도	48
A	레	50
S	미	52
D	파	53
F	솔	55
G	라	57
왼쪽	시	59
오른쪽	도	60

7단계 _ 마음에 드는 악기를 시작 악기로 설정합니다.

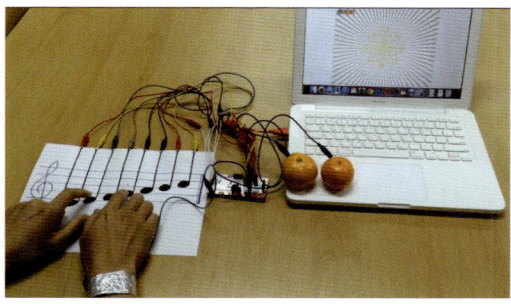

8단계 _ 그린 그림을 만져보며 나만의 악기를 연주해 봅시다.

화면 위쪽의 노란색 리믹스 버튼을 눌러 내가 만든 작품을 저장합니다.

02 피코보드(Pico-Board)

피코보드(PicoBoard)란?

스크래치에서 게임을 하거나 애니메이션을 움직일 때 키보드나 마우스뿐 아니라 피코보드와 같은 센서 보드를 사용할 수도 있습니다. 피코 보드는 빛 센서, 소리 센서, 버튼, 슬라이더와 같은 장치가 장착돼 있어 이를 이용해 현실세계의 데이터를 수집하고 처리해 스크래치에서 다양한 상호작용을 할 수 있게 해 줍니다.

직접 피코보드를 컴퓨터에 설치하고 스크래치에서 피코보드와 상호작용할 수 있게 블록을 연결해 소리 또는 빛의 값 등에 따라 다른 소리를 내거나 움직일 수 있게 해 봅시다.

자, 그럼 신나는 피코보드의 세계로 빠져볼까요?

피코보드 살펴보기

피코보드의 구성

먼저 피코보드가 어떻게 구성돼 있는지 살펴봅시다.

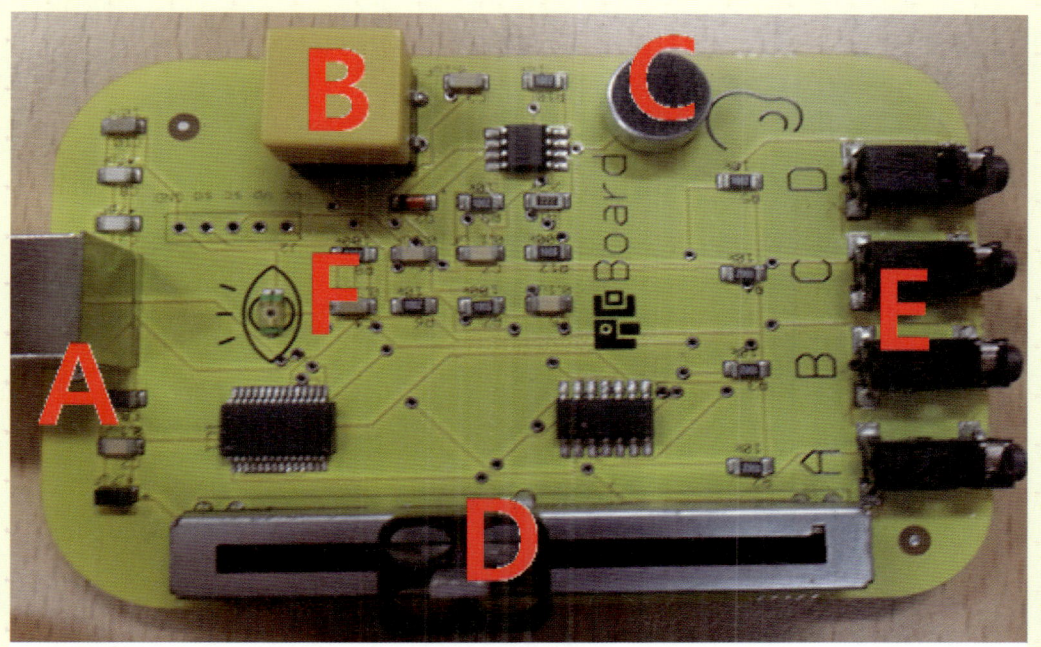

A _ PC와 연결하기 위한 USB를 연결하는 부분입니다.

B _ 버튼으로 눌러졌는가에 따라 참 또는 거짓값을 반환합니다.

C _ 1~100까지의 값을 가진 소리센서로 소리가 클수록 높은 값을 가집니다.

D _ 슬라이더 센서로 좌우로 움직이는 값에 따라 0에서 100까지의 값을 가집니다. 스프라이트를 좌우
로 움직이고 싶을 때 씁니다.

E _ 4개의 저항값을 입력할 수 있으며, 저항 집게를 연결해 다양한 활동이 가능합니다. 기본적으로 연
결 시 100, 집게 2개를 맞닿으면 0을 값으로 가집니다.

F _ 빛 센서로서 역시 0에서 100까지의 값을 가집니다. 밝을수록 값이 높아집니다.

피코보드 설치하기

피코보드를 설치하려면 드라이버를 먼저 설치해야 합니다. 드라이버는 http://www.picocricket.com/whichpicoboard.html에서 내려받아 설치할 수 있습니다.

PICOBOARD SET UP

Which version of the PicoBoard do you have?

Serial
Does your PicoBoard connect to your computer using a Serial to USB Cable? All PicoBoards purchased before June 2009 are Serial PicoBoards.

USB
Does your PicoBoard connect to your computer using a USB to USB Cable? All PicoBoards purchased after June 2009 are USB PicoBoards.

1_ 연결 인터페이스에 따라 시리얼 또는 USB를 선택합니다.

Windows Instructions 🪟

Windows XP users: Download the PicoBoard Windows Driver (1.71 MB)

Windows Vista/Windows 7 users should just plug the USB cable in their computer and let the operating system choose the correct driver. Then skip to step #3 below.
If you do not have internet access on your computer, download the PicoBoard Windows Driver (1.71 MB).

Mac Instructions

Mac OS X Driver (419 KB)

2_ 자신의 컴퓨터 환경에 적당한 드라이버를 내려받아 설치를 시작합니다.

3_ 안내에 따라 버튼을 누르면 설치 프로세스가 시작됩니다.

4_ 피코보드의 선을 컴퓨터 USB 포트에 연결하면 피코보드를 사용할 준비가 끝납니다.

스크래치에서 피코보드 연결하기

피코보드를 컴퓨터에 연결하면 오른쪽 그림과 같은 창이 나타납니다.

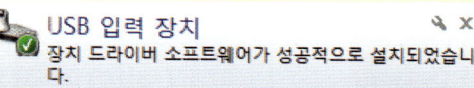

스크래치 2.0에서는 추가 블록 – 확장 프로그램 추가 를 선택하면 스크래치에 연결할 수 있는 확장 프로그램 목록이 나타납니다. 피코보드를 선택합니다.

그럼 아래와 같은 확장 프로그램 오류 창이 나타납니다.

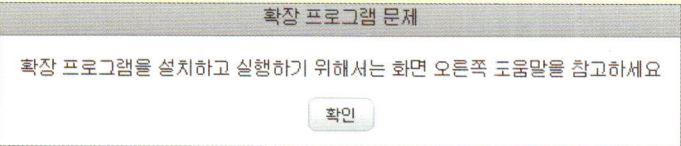

스크래치와 피코보드를 연결하면 다음의 세 가지 상태가 표시됩니다.

LEGO WeDo ▼ ──── 🔴	피코보드 드라이버가 설치 안 됨
LEGO WeDo ▼ ──── 🟡	피코보드 프로그램이 차단됨
LEGO WeDo ▼ ──── 🟢	피코보드가 정상적으로 동작함

피코보드 추가 블록 알아보기

피코보드 추가 블록 명령어에 대해 알아봅시다.

모자 버튼으로 블록 묶음의 맨 위에 위치합니다. **버튼 눌림일 때** 다른 블록과 연결되어 스크립트를 수행합니다.

위 블록과 같은 기능이나 조건 블록의 형태입니다. 슬라이더 센서 값이 특정 값 **이상 또는 이하일 때** 다른 블록과 연결되어 스크립트를 수행합니다.

리포터 블록으로서 다른 블록의 입력 상자에 넣을 수 있으며, 다른 **블록에 들어가 참/거짓 값을 전달**하는 역할을 합니다.

마찬가지로 리포터 블록으로서 **다른 블록의 구멍에 들어가 값을 전달**합니다.

완성 프로젝트 살펴보기

피코보드에 있는 제어기 또는 센서를 활용해 자동차가 움직이거나 배경이 바뀌고, 서로 다른 소리를 내는 장면을 스크래치로 표현해보겠습니다.

ezncode의 [5장. 스크래치와 함께하는 도구] 스튜디오의 '3. 피코보드(완성)' 프로젝트를 열어 🚩 버튼을 눌러 보세요.

피코보드의 소리센서에 소리 값이 입력되면 크기에 따라 스크래치에 있는 자동차가 다른 소리를 내며 다른 속도로 움직입니다.

또 버튼을 누르면 모양이 비행기로 바뀌며 하늘로 날아가고, 슬라이더의 움직임에 따라 크기가 변화합니다.

빛의 값에 따라 배경이 바뀌고, 저항이 연결되면 움직이던 자동차 또는 비행기가 멈춥니다.

책의 15~21쪽에 ezncode의 스튜디오를 살펴보는 자세한 방법이 나와있습니다.

프로젝트 알고리즘

등장 스프라이트

자동차   비행기

프로젝트 설계도

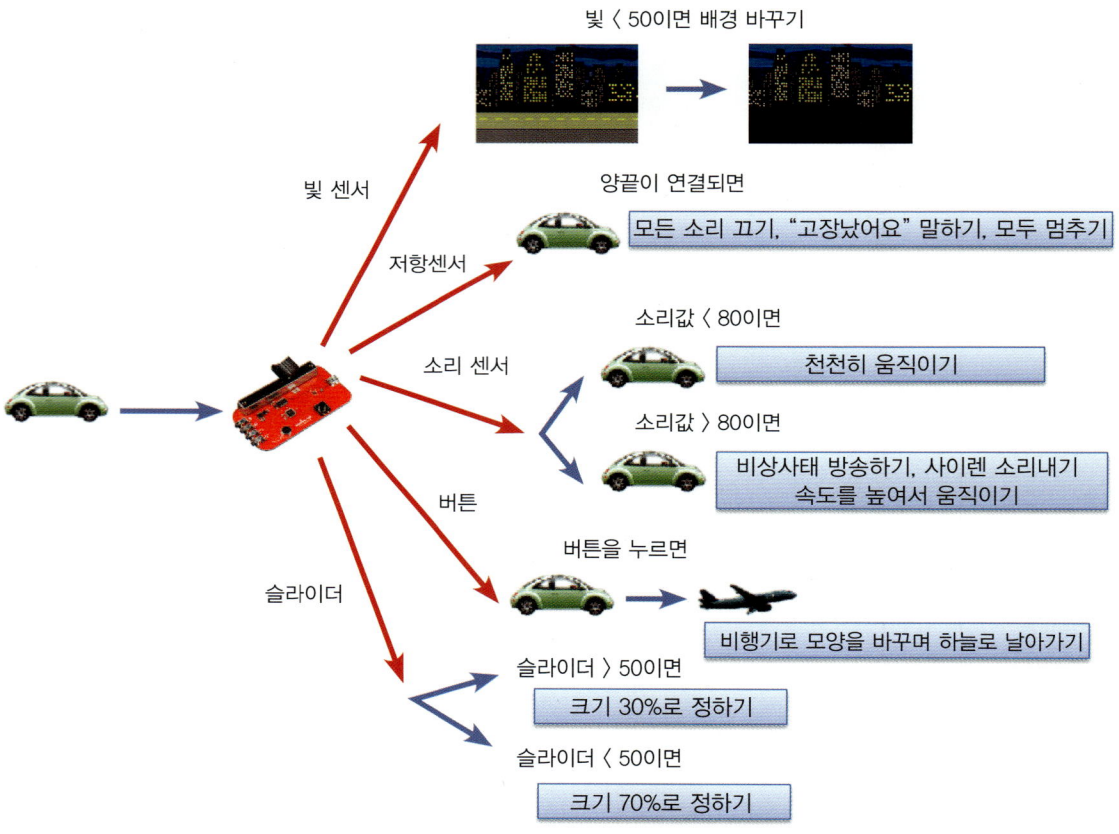

빛 〈 50이면 배경 바꾸기

빛 센서

양끝이 연결되면
모든 소리 끄기, "고장났어요" 말하기, 모두 멈추기

저항센서

소리 센서

소리값 〈 80이면
천천히 움직이기

소리값 〉 80이면
비상사태 방송하기, 사이렌 소리내기
속도를 높여서 움직이기

버튼

버튼을 누르면
비행기로 모양을 바꾸며 하늘로 날아가기

슬라이더

슬라이더 〉 50이면
크기 30%로 정하기

슬라이더 〈 50이면
크기 70%로 정하기

- 피코보드에 입력되는 값에 따라 스프라이트가 움직입니다.

- 빛, 저항, 소리, 버튼, 슬라이더 등의 센서와 제어기로 다양한 일을 수행하는 스크래치 작품을 만들 수 있습니다.

프로젝트 만들기

스튜디오에서 '피코보드(미완성)' 프로젝트를 불러옵니다.

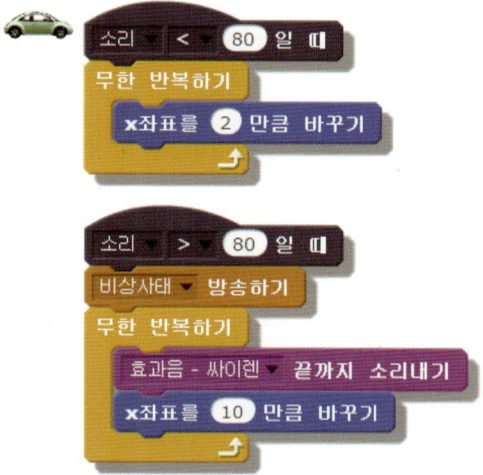

1단계 _ 피코보드의 소리 센서를 통해 소리의 크기에 따라 조용히 자동차가 움직이거나 사이렌 소리를 내며 움직이도록 왼쪽 그림처럼 블록을 연결합니다.

소리가 80보다 큰 경우에는 왼쪽 그림처럼 비상사태를 방송하고, 사이렌 소리를 내고 x좌표를 10만큼 바꿉니다.

2단계 _ 비상상태 메시지를 받았을 때 모양이 변하는 듯한 효과를 주기 위해 왼쪽 그림과 같이 블록을 연결합니다.

3단계 _ 버튼을 눌렀을 때 자동차가 비행기로 변신하며 하늘로 날아가는 모습을 나타내기 위해 아래와 같이 조건과 결과 값을 입력합니다.

4단계 _ 빛의 값에 따라 무대 배경을 바꾸기 위해 아래와 같이 블록을 연결합니다.

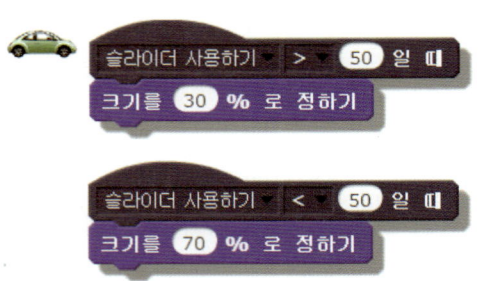

5단계 _ 슬라이더의 값에 따라 스프라이트의 크기를 바꾸기 위해 다음과 같이 블록을 연결합니다.

6단계 _ 저항 단자 A에 연결됐을 때 모든 소리를 끄고 스크립트가 작동하는 것을 멈추게 하려면 다음과 같이 블록을 연결합니다.

화면 위쪽의 노란색 리믹스 버튼을 눌러 내가 만든 작품을 저장합니다.

더 나아가기

스크래치와 피코보드로 할 수 있는 활동에는 어떤 것들이 있을까요?

재미있는 게임 제작(http://www.youtube.com/watch?v=7U-__KhBGAw, Scratch, Pong and Picoboards)

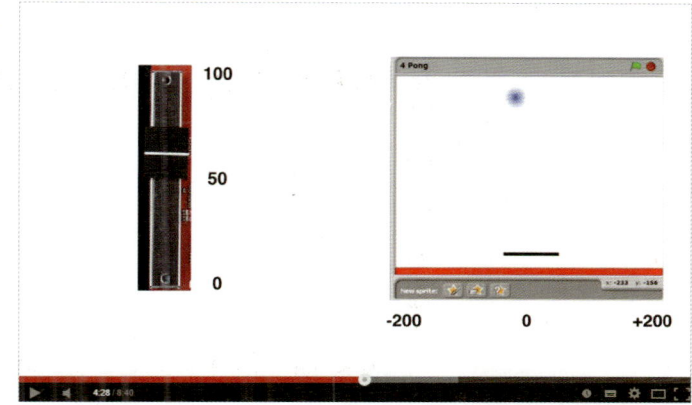

다양한 과학(측정) 활동 (http://www.youtube.com/watch?v=uqblGl2_C10, Picoboard : oscilloscopio lento)

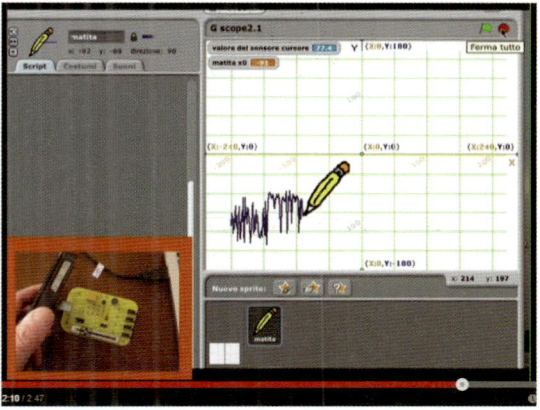

아름다운 예술(음악) 활동 (http://www.youtube.com/watch?v=YZt5Nm_79xA, Making a 'Slider Piano' with Scratch & PicoBoard)

03 레고 위두(Lego-WeDo)

위두(WeDo)란?

혹시 로봇을 만나본 적이 있나요? 위두는 LEGO사에서 개발한 로봇의 일종입니다. 모터와

센서가 있고 스크래치 프로그래밍에서 제어가 가능해서 여러분도 위두를 이용해 손쉽게 창의

적인 작품을 개발할 수 있습니다.

이번에 소개할 작품은 아빠의 생일을 축하하기 위해 로봇과 스크래치를 연동한 생일축하 케

이크 이벤트입니다. 자, 그럼 아빠의 생일파티를 꾸며 볼까요?

위두 살펴보기

위두 구성품

위두 로봇은 초등학생을 위해 개발된 로봇 교구입니다-. 스크래치에 위두 로봇을 추가한 후 프로그래밍을 통해 다양한 창작품을 개발할 수 있습니다.

USB 허브		USB 허브는 스크래치와 위두를 연결하는 장치입니다. 두 개의 연결단자를 갖고 있으며, 3개의 모터와 2개의 센서를 동시에 연결할 수 있습니다.
거리 센서		거리 센서는 7cm~30cm 거리를 0~100의 값으로 측정할 수 있습니다.
기울기 센서	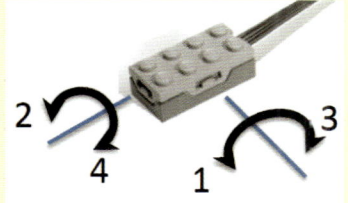	기울기 센서는 수평, 좌, 우, 상, 하의 각 기울기 방향에 따라 0, 1, 2, 3, 4의 값을 내보냅니다.
모터		모터는 파워(0~100), 시간(초), 방향(시계, 반시계)의 세 가지 변수 값에 따라 제어할 수 있습니다.

스크래치에 위두 연결하기(크롬 브라우저 활용하기)

위두 허브를 컴퓨터에 연결하면 오른쪽 그림과 같은 창이 나타납니다.

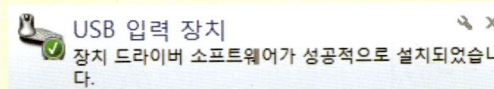

스크래치 2.0에서는 추가 블록 - 확장 프로그램 추가 를 선택하면 하면 스크래치에 연결할 수 있는 확장 프로그램 목록이 나타납니다. 위두 로봇을 선택합니다.

그럼 아래와 같은 확장 프로그램 오류 창이 나타납니다.

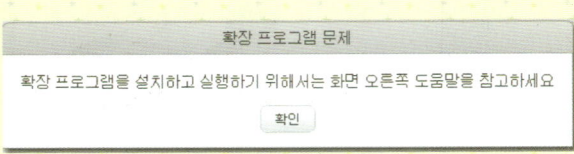

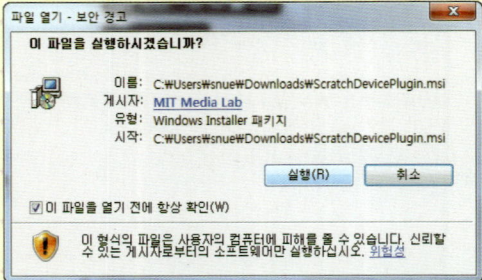

확장 프로그램(Extensions)을 선택한 후 운영체제(예: Windows)의 종류를 선택합니다.

왼쪽과 같이 플러그인 프로그램을 내려받아 실행합니다.

오른쪽 그림과 같은 차단 창이 나타나면 '플러그인 을 허용'으로 변경합니다.

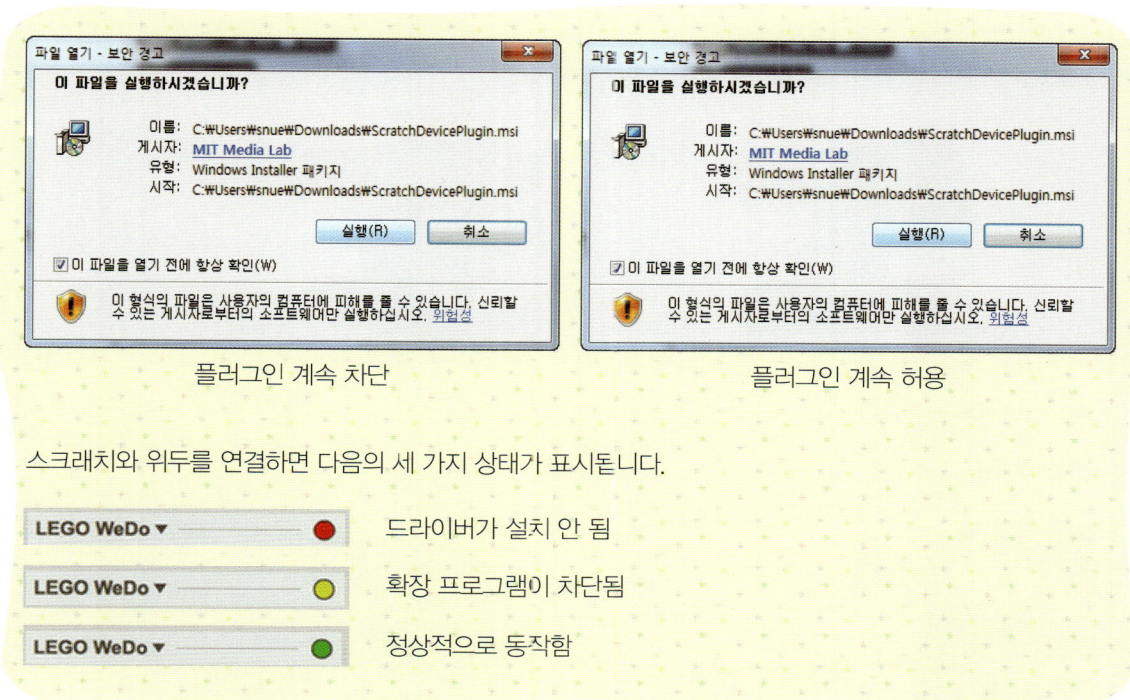

플러그인 계속 차단   플러그인 계속 허용

스크래치와 위두를 연결하면 다음의 세 가지 상태가 표시됩니다.

LEGO WeDo ▼ ───── ●	드라이버가 설치 안 됨
LEGO WeDo ▼ ───── ●	확장 프로그램이 차단됨
LEGO WeDo ▼ ───── ●	정상적으로 동작함

스크래치로 위두 로봇 제어하기

스크래치에서 위두 블록들을 테스트해 봅니다.

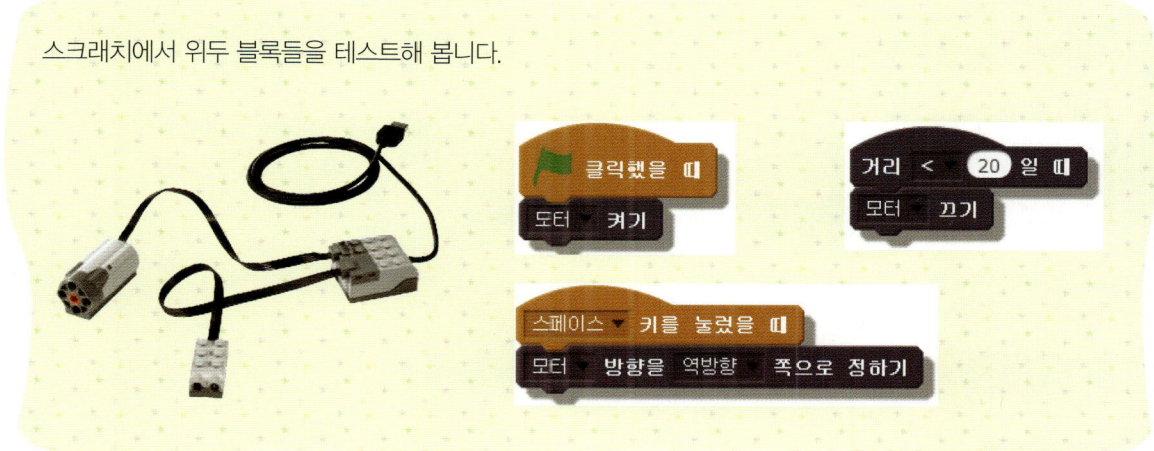

센서(기울기, 거리)는 동작 스위치로 활용될 수 있습니다.

센서 값을 변수로 활용할 수 있습니다. 가령 거리 값에 따라 모터의 파워 또는 스프라이트의 움직임

크기에 영향을 줄 수 있습니다.

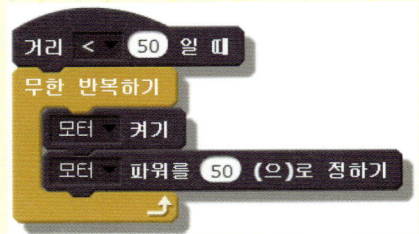

다양한 위두 블럭 명령어에 대해 알아봅시다.

기울기 센서 값이 1과 같을 때의 이벤트를 발생시킵니다.

거리 센서 값이 20보다 작을 때 이벤트를 발생시킵니다.

모터를 시계 방향으로 설정합니다.

모터의 파워를 100으로 설정합니다.

모터의 동작을 중지합니다.

모터를 동작시킵니다.

모터를 1초 동안 동작시킵니다.

완성 프로젝트 살펴보기

오늘은 우리 아빠의 생신입니다. 스크래치와 위두 로봇을 이용해 아빠 생일을 축하하는 생일파티 작품을
만들어 보겠습니다.

왼쪽은 위두 로봇과 스크래치가 연결된 작품의 예
입니다.

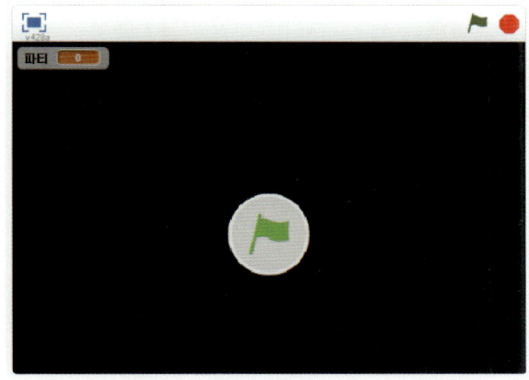

eznrcode의 [5장. 스크래치와 함께하는 도구] 스튜
디오의 '4. 레고 위두(완성)' 프로젝트를 열어 🚩 버
튼을 눌러 보세요.

스크래치의 첫 화면은 검정색으로 밤을 표현했습
니다.

아빠가 들어오시면 케이크와 촛불이 켜지고 생일축
하 노래가 흘러나옵니다.

노래가 끝나면 "Happy birthday Dad" 문구가 나오
면서 프로그램이 종료됩니다.

책의 15~21쪽에 eznrcode의 스튜디오를 살펴보는
자세한 방법이 나와있습니다.

프로젝트 알고리즘

등장 스프라이트

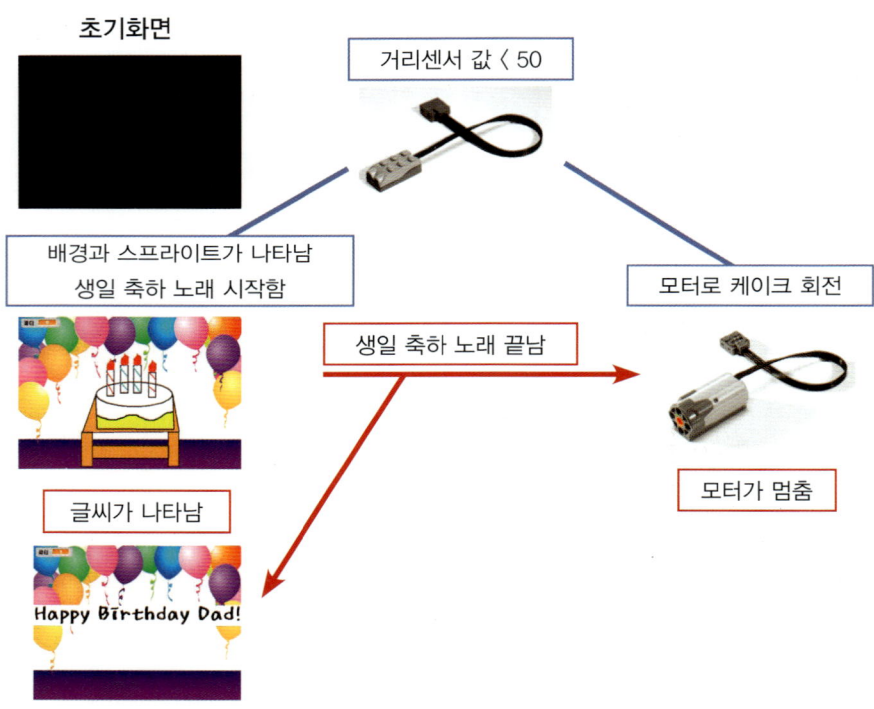

모터   거리센서   케이크   글씨

프로젝트 설계도

초기화면

거리센서 값 〈 50

배경과 스프라이트가 나타남
생일 축하 노래 시작함

모터로 케이크 회전

생일 축하 노래 끝남

모터가 멈춤

글씨가 나타남

- 어두운 방에 아빠가 들어오는 것을 감지하기 위해 거리센서를 활용합니다.

- 생일 케이크와 촛불이 등장하고 생일 축하 노래가 흘러나옵니다. 이때 모터에 부착된 생일 케이크가 회전
  합니다.

- 생일 노래가 끝나면 촛불이 꺼지고 모터가 멈추며 "Happy birthday Dad!"문구가 나타납니다.

프로젝트 만들기

1단계 _ 스튜디오에서 '레고 위두(미완성)' 프로젝트를 불러옵니다.

2단계 _ 무대 스크립트에 아래와 같은 스크립트를 입력합니다.

```
클릭했을 때
배경을 등장전 (으)로 바꾸기
```
검정색 배경 화면

```
거리 < 50 일 때
배경을 등장후 (으)로 바꾸기
아빠등장 방송하기
```
거리 센서로 아빠의 등장을 감지

3단계 _ 프로그램이 시작되면 테이블은 사라지고 파티 변수 값이 1이 되면 다시 사라지게 합니다.

```
클릭했을 때
숨기기
무한 반복하기
  만약 파티 = 1 라면
    2 초 기다리기
    숨기기
```

```
아빠등장 을(를) 받았을 때
보이기
```

```
클릭했을 때
파티 ▼ 을(를) 0 로 정하기
숨기기
```

```
아빠등장 ▼ 을(를) 받았을 때
보이기
Happy Birthday ▼ 끝까지 소리내기
파티 ▼ 을(를) 1 로 정하기
모터 ▼ 끄기
```

3단계 _ 프로그램이 시작되면 파티 변수 값을 0, 생일 축하 노래가 다 끝나면 파티 변수 값을 1로 설정합니다.

4단계 _ 아빠 등장 메시지를 받으면 모터를 동작시키고 생일 케이크 촛불을 움직이도록 표현합니다.

```
아빠등장 ▼ 을(를) 받았을 때
무한 반복하기
    모터 ▼ 파워를 50 (으)로 정하기
    모터 ▼ 켜기
    모양을 모양1 ▼ (으)로 바꾸기
    0.5 초 기다리기
    모양을 모양2 ▼ (으)로 바꾸기
    0.5 초 기다리기
    만약  파티 = 1  라면
        모양을 모양3 ▼ (으)로 바꾸기
        1 초 기다리기
        숨기기
        HappyBirthday ▼ 방송하기
        이 스크립트 ▼ 멈추기
```

생일 케이크의 모양을 반복해서 바꿉니다.

생일 축하 노래가 끝나면 촛불이 꺼진 모양으로 바꿉니다.

5단계 _ 파티의 변수 값이 1이 되면, 즉 생일 축하 노래
가 끝나면 "Happy Birthday Dad!"라는 글자가
보이게 합니다.

화면 위쪽의 노란색 리믹스 버튼을 눌러 내가 만든
작품을 저장합니다.

더 나아가기

스크래치와 위두 로봇으로 할 수 있는 활동에는 어떤 것들이 있을까요?

표현활동으로 다양한 창작품을 만들 수 있습니다.

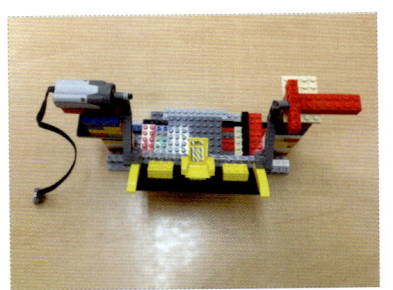

놀이기구(회전 그네)

금고 만들기

놀이기구(시소)

공학 활동을 통해 주변의 여러 도구를 관찰한 후 개선할 수 있으며, 문제 해결을 위한 도구를 개발할 수 있습니다.

투석기

자동차

움직이는 동물

엔터테인먼트 활동으로 게임의 조작이나 자동차 핸들로 활용할 수 있습니다.

센서와 모터를 스크래치 스프라이트와 연동해서 수학 및 과학의 기초 개념과 원리를 배우고 응용할 수 있습니다.